TERCEIRA EDIÇÃO 20 25

PLURALISMO DO **DIREITO** DO TRABALHO

SERGIO PINTO **MARTINS**

Dados Internacionais de Catalogação na Publicação (CIP) de acordo com ISBD

M386p Martins, Sérgio Pinto
　　　　　Pluralismo do direito do trabalho / Sérgio Pinto Martins. - 3. ed. - Indaiatuba, SP : Editora Foco, 2025.

　　　　196 p. ; 16cm x 23cm.

　　　　　　Inclui bibliografia e índice.
　　　　　　ISBN: 978-65-6120-300-5

　　　　　　1. Direito. 2. Direito do trabalho. I. Título.

2025-430　　　　　　　　　　　　　　　　　　CDD 344.01　　CDU 349.2

Elaborado por Vagner Rodolfo da Silva - CRB-8/9410
Índices para Catálogo Sistemático:

1. Direito do trabalho 344.01

2. Direito do trabalho 349.2

TERCEIRA EDIÇÃO

PLURALISMO DO **DIREITO** DO TRABALHO

SERGIO PINTO **MARTINS**

2025 © Editora Foco
Autor: Sergio Pinto Martins
Diretor Acadêmico: Leonardo Pereira
Editor: Roberta Densa
Coordenadora Editorial: Paula Morishita
Revisora Sênior: Georgia Renata Dias
Revisora Júnior: Adriana Souza Lima
Capa Criação: Leonardo Hermano
Diagramação: Ladislau Lima e Aparecida Lima
Impressão miolo e capa: FORMA CERTA

DIREITOS AUTORAIS: É proibida a reprodução parcial ou total desta publicação, por qualquer forma ou meio, sem a prévia autorização da Editora FOCO, com exceção do teor das questões de concursos públicos que, por serem atos oficiais, não são protegidas como Direitos Autorais, na forma do Artigo 8º, IV, da Lei 9.610/1998. Referida vedação se estende às características gráficas da obra e sua editoração. A punição para a violação dos Direitos Autorais é crime previsto no Artigo 184 do Código Penal e as sanções civis às violações dos Direitos Autorais estão previstas nos Artigos 101 a 110 da Lei 9.610/1998. Os comentários das questões são de responsabilidade dos autores.

NOTAS DA EDITORA:

Atualizações e erratas: A presente obra é vendida como está, atualizada até a data do seu fechamento, informação que consta na página II do livro. Havendo a publicação de legislação de suma relevância, a editora, de forma discricionária, se empenhará em disponibilizar atualização futura.

Erratas: A Editora se compromete a disponibilizar no site www.editorafoco.com.br, na seção Atualizações, eventuais erratas por razões de erros técnicos ou de conteúdo. Solicitamos, outrossim, que o leitor faça a gentileza de colaborar com a perfeição da obra, comunicando eventual erro encontrado por meio de mensagem para contato@editorafoco.com.br. O acesso será disponibilizado durante a vigência da edição da obra.

Impresso no Brasil (2.2025) – Data de Fechamento (2.2025)

2025
Todos os direitos reservados à
Editora Foco Jurídico Ltda.
Rua Antonio Brunetti, 593 – Jd. Morada do Sol
CEP 13348-533 – Indaiatuba – SP

E-mail: contato@editorafoco.com.br
www.editorafoco.com.br

*A Mariana, que me ouviu falar e expor o tema muitas vezes,
a ponto de saber muitas de suas passagens de cor.*

*A Dra. Maria Aparecida Pellegrina, porque acreditou
e estimulou a continuar meu caminho.*

*A todos aqueles que acreditaram em mim e me incentivaram
a prosseguir em meus estudos, reconhecendo meu esforço.*

*"Não se pode ter a cabeça erguida sobre os homens,
sem antes tê-la baixado sobre os livros."*

TRABALHOS DO AUTOR

LIVROS

1. *Imposto sobre serviços – ISS*. São Paulo: Atlas, 1992.
2. *Direito da seguridade social*. 42. ed. São Paulo: Saraiva, 2024.
3. *Direito do trabalho*. 40. ed. São Paulo: Saraiva, 2024.
4. *A terceirização e o direito do trabalho*. 17. ed. São Paulo: Saraiva, 2019.
5. *Manual do ISS*. 10. ed. São Paulo: Saraiva, 2017.
6. *Participação dos empregados nos lucros das empresas*. 6. ed. Indaiatuba: Foco, 2025.
7. *Práticas discriminatórias contra a mulher e outros estudos*. São Paulo: LTr, 1996.
8. *Contribuição confederativa*. São Paulo: LTr, 1996.
9. *Medidas cautelares*. São Paulo: Malheiros, 1996.
10. *Manual do trabalho doméstico*. 15. ed. Indaiatuba: Foco, 2025.
11. *Tutela antecipada e tutela específica no processo do trabalho*. 4. ed. São Paulo: Atlas, 2013.
12. *Manual do FGTS*. 6. ed. Indaiatuba: Foco, 2025.
13. *Comentários à CLT*. 21. ed. São Paulo: Saraiva, 2018.
14. *Manual de direito do trabalho*. 11. ed. São Paulo: Saraiva, 2018.
15. *Direito processual do trabalho*. 39. ed. São Paulo: Saraiva, 2017.
16. *Contribuições sindicais*. 5. ed. São Paulo: Atlas, 2009.
17. *Contrato de trabalho de prazo determinado e banco de horas*. 4. ed. São Paulo: Atlas, 2002.
18. *Estudos de direito*. São Paulo: LTr, 1998.
19. *Legislação previdenciária*. 22. ed. São Paulo: Saraiva, 2016.
20. *Síntese de direito do trabalho*. Curitiba: JM, 1999.
21. *A continuidade do contrato de trabalho*. 3. ed. Indaiatuba: Foco, 2025.
22. *Flexibilização das condições de trabalho*. 7. ed. Indaiatuba: Foco, 2025.
23. *Legislação sindical*. São Paulo: Atlas, 2000.
24. *Comissões de conciliação prévia*. 3. ed. São Paulo: Atlas, 2008.
25. *Col. Fundamentos: direito processual do trabalho*. 21. ed. São Paulo: Saraiva, 2018.
26. *Instituições de direito público e privado*. 17. ed. São Paulo: Saraiva, 2017.
27. *Col. Fundamentos: direito do trabalho*. 19. ed. São Paulo: Saraiva, 2018.

28. Col. Fundamentos: direito da seguridade social. 17. ed. São Paulo: Saraiva, 2016.
29. O pluralismo do direito do trabalho. 3. ed. Indaiatuba: Foco, 2025.
30. Greve no serviço público. 3. ed. Indaiatuba: Foco, 2025.
31. Execução da contribuição previdenciária na Justiça do Trabalho. 5. ed. São Paulo: Saraiva, 2019.
32. Manual de direito tributário. 17. ed. São Paulo: Saraiva, 2018.
33. CLT universitária. 24. ed. São Paulo: Saraiva, 2018.
34. Cooperativas de trabalho. 8. ed. Indaiatuba: Foco, 2025.
35. Reforma previdenciária. 2. ed. São Paulo: Atlas, 2006.
36. Manual da justa causa. 8. ed. Indaiatuba: Foco, 2025.
37. Comentários às súmulas do TST. 16. ed. São Paulo: Saraiva, 2016.
38. Constituição. CLT. Legislação previdenciária e legislação complementar. 3. ed. São Paulo: Atlas, 2012.
39. Dano moral decorrente do contrato de trabalho. 6. ed. Indaiatuba: Foco, 2025.
40. Profissões regulamentadas. 2. ed. São Paulo: Atlas, 2013.
41. Direitos fundamentais trabalhistas. 2. ed. São Paulo: Atlas, 2015.
42. Convenções da OIT. 3. ed. São Paulo: Saraiva, 2016.
43. Estágio e relação de emprego. 6. ed. Indaiatuba: Foco, 2025.
44. Comentários às Orientações Jurisprudenciais da SBDI-1 e 2 do TST. 7. ed. São Paulo: Saraiva, 2016.
45. Direitos trabalhistas do atleta profissional de futebol. 2. ed. São Paulo: Saraiva, 2016.
46. Prática trabalhista. 8. ed. São Paulo: Saraiva, 2018.
47. Assédio moral no emprego. 6. ed. Indaiatuba: Foco, 2025.
48. Comentários à Lei n. 8.212/91. Custeio da Seguridade Social. São Paulo: Atlas, 2013.
49. Comentários à Lei n. 8.213/91. Benefícios da Previdência Social. São Paulo: Atlas, 2013.
50. Prática previdenciária. 3. ed. São Paulo: Saraiva, 2017.
51. Teoria geral do processo. 9. ed. São Paulo: Saraiva, 2024.
52. Teoria geral do Estado. 3. ed. São Paulo: Saraiva, 2024.
53. Reforma trabalhista. São Paulo: Saraiva, 2018.
54. Introdução ao estudo do Direito. 3ª ed. São Paulo: Saraiva, 2024.

ARTIGOS

1. A dupla ilegalidade do IPVA. *Folha de S.Paulo*, São Paulo, 12 mar. 1990. Caderno C, p. 3.
2. Descumprimento da convenção coletiva de trabalho. *LTr*, São Paulo, n. 54-7/854, jul. 1990.
3. *Franchising* ou contrato de trabalho? *Repertório IOB de Jurisprudência*, n. 9, texto 2/4990, p. 161, 1991.

4. A multa do FGTS e o levantamento dos depósitos para aquisição de moradia. *Orientador Trabalhista – Suplemento de Jurisprudência e Pareceres*, n. 7, p. 265, jul. 1991.
5. O precatório e o pagamento da dívida trabalhista da fazenda pública. *Jornal do II Congresso de Direito Processual do Trabalho*, p. 42. jul. 1991. (Promovido pela LTr Editora.)
6. As férias indenizadas e o terço constitucional. *Orientador Trabalhista Mapa Fiscal – Suplemento de Jurisprudência e Pareceres*, n. 8, p. 314, ago. 1991.
7. O guarda de rua contratado por moradores. Há relação de emprego? *Folha Metropolitana*, Guarulhos, 12 set. 1991, p. 3.
8. O trabalhador temporário e os direitos sociais. *Informativo Dinâmico IOB*, n. 76, p. 1.164, set. 1991.
9. O serviço prestado após as cinco horas em sequência ao horário noturno. *Orientador Trabalhista Mapa Fiscal – Suplemento de Jurisprudência e Pareceres*, n. 10, p. 414, out. 1991.
10. Incorporação das cláusulas normativas nos contratos individuais do trabalho. *Jornal do VI Congresso Brasileiro de Direito Coletivo do Trabalho e V Seminário sobre Direito Constitucional do Trabalho*, p. 43. nov. 1991. (Promovido pela LTr Editora.)
11. Adicional de periculosidade no setor de energia elétrica: algumas considerações. *Orientador Trabalhista Mapa Fiscal – Suplemento de Jurisprudência e Pareceres*, n. 12, p. 544, dez. 1991.
12. Salário-maternidade da empregada doméstica. *Folha Metropolitana*, Guarulhos, p. 7, 2-3 fev. 1992.
13. Multa pelo atraso no pagamento de verbas rescisórias. *Repertório IOB de Jurisprudência*, n. 1, texto 2/5839, p. 19, 1992.
14. Base de cálculo dos adicionais. *Orientador Trabalhista Mapa Fiscal – Suplemento de Legislação, Jurisprudência e Doutrina*, n. 2, p. 130, fev. 1992.
15. Base de cálculo do adicional de insalubridade. *Orientador Trabalhista Mapa Fiscal – Suplemento de Legislação, Jurisprudência e Doutrina*, n. 4, p. 230, abr. 1992.
16. Limitação da multa prevista em norma coletiva. *Repertório IOB de Jurisprudência*, n. 10, texto 2/6320, p. 192, 1992.
17. Estabilidade provisória e aviso-prévio. *Orientador Trabalhista Mapa Fiscal – Suplemento de Legislação, Jurisprudência e Doutrina*, n. 5, p. 279, maio 1992.
18. Contribuição confederativa. *Orientador Trabalhista Mapa Fiscal – Suplemento de Legislação, Jurisprudência e Doutrina*, n. 6, p. 320, jun. 1992.
19. O problema da aplicação da norma coletiva de categoria diferenciada à empresa que dela não participou. *Orientador Trabalhista Mapa Fiscal – Suplemento de Legislação, Jurisprudência e Doutrina*, n. 7, p. 395, jul. 1992.
20. Intervenção de terceiros no processo de trabalho: cabimento. *Jornal do IV Congresso Brasileiro de Direito Processual do Trabalho*, jul. 1992, p. 4. (Promovido pela LTr Editora.)
21. Relação de emprego: dono de obra e prestador de serviços. *Folha Metropolitana*, Guarulhos, 21 jul. 1992, p. 5.
22. Estabilidade provisória do cipeiro. *Orientador Trabalhista Mapa Fiscal – Suplemento de Legislação, Jurisprudência e Doutrina*, n. 8, p. 438, ago. 1992.

23. O ISS e a autonomia municipal. *Suplemento Tributário LTr*, n. 54, p. 337, 1992.
24. Valor da causa no processo do trabalho. *Suplemento Trabalhista LTr*, n. 94, p. 601, 1992.
25. Estabilidade provisória do dirigente sindical. *Orientador Trabalhista Mapa Fiscal – Suplemento de Legislação, Jurisprudência e Doutrina*, n. 9, p. 479, set. 1992.
26. Estabilidade no emprego do aidético. *Folha Metropolitana*, Guarulhos, 20-21 set. 1992, p. 16.
27. Remuneração do engenheiro. *Orientador Trabalhista Mapa Fiscal – Suplemento de Legislação, Jurisprudência e Doutrina*, n. 10, p. 524, out. 1992.
28. Estabilidade do acidentado. *Repertório IOB de Jurisprudência*, n. 22, texto 2/6933, p. 416, 1992.
29. A terceirização e suas implicações no direito do trabalho. *Orientador Trabalhista Mapa Fiscal – Legislação, Jurisprudência e Doutrina*, n. 11, p. 583, nov. 1992.
30. Contribuição assistencial. *Jornal do VII Congresso Brasileiro de Direito Coletivo do Trabalho e VI Seminário sobre Direito Constitucional do Trabalho*, nov. 1992, p. 5.
31. Descontos do salário do empregado. *Orientador Trabalhista Mapa Fiscal – Suplemento de Legislação, Jurisprudência e Doutrina*, n. 12, p. 646, dez. 1992.
32. Transferência de empregados. *Orientador Trabalhista Mapa Fiscal – Suplemento de Legislação, Jurisprudência e Doutrina*, n. 1, p. 57, jan. 1993.
33. A greve e o pagamento dos dias parados. *Orientador Trabalhista Mapa Fiscal – Suplemento de Legislação, Jurisprudência e Doutrina*, n. 2, p. 138, fev. 1993.
34. Auxílio-doença. *Folha Metropolitana*, Guarulhos, 30 jan. 1993, p. 5.
35. Salário-família. *Folha Metropolitana*, Guarulhos, 16 fev. 1993, p. 5.
36. Depósito recursal. *Repertório IOB de Jurisprudência*, n. 4, texto 2/7239, p. 74, fev. 1993.
37. Terceirização. *Jornal Magistratura & Trabalho*, n. 5, p. 12, jan. e fev. 1993.
38. Auxílio-natalidade. *Folha Metropolitana*, Guarulhos, 9 mar. 1993, p. 4.
39. A diarista pode ser considerada empregada doméstica? *Orientador Trabalhista Mapa Fiscal – Suplemento Trabalhista Mapa Fiscal – Suplemento de Legislação, Jurisprudência e Doutrina*, n. 3/93, p. 207.
40. Renda mensal vitalícia. *Folha Metropolitana*, Guarulhos, 17 mar. 1993, p. 6.
41. Aposentadoria espontânea com a continuidade do aposentado na empresa. *Jornal do Primeiro Congresso Brasileiro de Direito Individual do Trabalho*, 29 e 30 mar. 1993, p. 46-47. (Promovido pela LTr Editora.)
42. Relação de emprego e atividades ilícitas. *Orientador Trabalhista Mapa Fiscal – Suplemento de Legislação, Jurisprudência e Doutrina*, n. 5/93, p. 345.
43. Conflito entre norma coletiva do trabalho e legislação salarial superveniente. *Revista do Advogado*, n. 39, p. 69, maio 1993.
44. Condição jurídica do diretor de sociedade em face do direito do trabalho. *Orientador Trabalhista Mapa Fiscal – Suplemento de Legislação, Jurisprudência e Doutrina*, n. 6/93, p. 394.
45. Equiparação salarial. *Orientador Trabalhista Mapa Fiscal – Suplemento de Legislação, Jurisprudência e Doutrina*, n. 7/93, p. 467.

46. Dissídios coletivos de funcionários públicos. *Jornal do V Congresso Brasileiro de Direito Processual do Trabalho*, jul. 1993, p. 15. (Promovido pela LTr Editora.)
47. Contrato coletivo de trabalho. *Orientador Trabalhista Mapa Fiscal – Suplemento de Legislação, Jurisprudência e Doutrina*, n. 8/93, p. 536.
48. Reintegração no emprego do empregado aidético. *Suplemento Trabalhista LTr*, n. 102/93, p. 641.
49. Incidência da contribuição previdenciária nos pagamentos feitos na Justiça do Trabalho. *Orientador Trabalhista Mapa Fiscal – Suplemento de Legislação, Jurisprudência e Doutrina*, n. 9/93, p. 611.
50. Contrato de trabalho por obra certa. *Orientador Trabalhista Mapa Fiscal – Suplemento de Legislação, Jurisprudência e Doutrina*, n. 10/93, p. 674.
51. Autoaplicabilidade das novas prestações previdenciárias da Constituição. *Revista de Previdência Social*, n. 154, p. 697, set. 1993.
52. Substituição processual e o Enunciado 310 do TST. *Orientador Trabalhista Mapa Fiscal – Suplemento de Legislação, Jurisprudência e Doutrina*, n. 11/93, p. 719.
53. Litigância de má-fé no processo do trabalho. *Repertório IOB de Jurisprudência*, n. 22/93, texto 2/8207, p. 398.
54. Constituição e custeio do sistema confederativo. *Jornal do VIII Congresso Brasileiro de Direito Coletivo do Trabalho e VII Seminário sobre Direito Constitucional do Trabalho*, nov. 1993, p. 68. (Promovido pela LTr Editora.)
55. Participação nos lucros. *Orientador Trabalhista Mapa Fiscal – Suplemento de Legislação, Jurisprudência e Doutrina*, n. 12/93, p. 778.
56. Auxílio-funeral. *Folha Metropolitana*, Guarulhos, 22-12-1993, p. 5.
57. Regulamento de empresa. *Orientador Trabalhista Mapa Fiscal – Suplemento de Legislação, Jurisprudência e Doutrina*, n. 1/94, p. 93.
58. Aviso-prévio. *Orientador Trabalhista Mapa Fiscal – Suplemento de Legislação, Jurisprudência e Doutrina*, n. 2/94, p. 170.
59. Compensação de horários. *Orientador Trabalhista Mapa Fiscal – Suplemento de Legislação, Jurisprudência e Doutrina*, n. 3/94, p. 237.
60. Controle externo do Judiciário. *Folha Metropolitana*, Guarulhos, 10-3-1994, p. 2; *Folha da Tarde*, São Paulo, 26-3-1994, p. A2.
61. Aposentadoria dos juízes. *Folha Metropolitana*, Guarulhos, 11-3-1994, p. 2; *Folha da Tarde*, São Paulo, 23-3-1994, p. A2.
62. Base de cálculo da multa de 40% do FGTS. *Jornal do Segundo Congresso Brasileiro de Direito Individual do Trabalho*, promovido pela LTr, 21 a 23-3-1994, p. 52.
63. Denunciação da lide no processo do trabalho. *Repertório IOB de Jurisprudência*, n. 7/94, abril de 1994, p. 117, texto 2/8702.
64. A quitação trabalhista e o Enunciado n. 330 do TST. *Orientador Trabalhista Mapa Fiscal – Suplemento de Legislação, Jurisprudência e Doutrina*, n. 4/94, p. 294.

65. A indenização de despedida prevista na Medida Provisória n. 457/94. *Repertório IOB de Jurisprudência*, n. 9/94, p. 149, texto 2/8817.
66. A terceirização e o Enunciado n. 331 do TST. *Orientador Trabalhista Mapa Fiscal – Suplemento de Legislação, Jurisprudência e Doutrina*, n. 5/94, p. 353.
67. Superveniência de acordo ou convenção coletiva após sentença normativa – prevalência. *Orientador Trabalhista Mapa Fiscal – Suplemento de Legislação, Jurisprudência e Doutrina*, n. 6/94, p. 386.
68. Licença-maternidade da mãe adotiva. *Orientador Trabalhista Mapa Fiscal – Suplemento de Legislação, Jurisprudência e Doutrina*, n. 7/94, p. 419.
69. Medida cautelar satisfativa. *Jornal do 6º Congresso Brasileiro de Direito Processual do Trabalho*, promovido pela LTr nos dias 25 a 27-7-1994, p. 58.
70. Estabelecimento prestador do ISS. *Suplemento Tributário LTr*, n. 35/94, p. 221.
71. Turnos ininterruptos de revezamento. *Orientador Trabalhista Mapa Fiscal – Suplemento de Legislação, Jurisprudência e Doutrina*, n. 8/94, p. 468.
72. Considerações em torno do novo Estatuto da OAB. *Repertório IOB de Jurisprudência*, n. 17/94, set. 1994, p. 291, texto 2/9269.
73. Diárias e ajudas de custo. *Orientador Trabalhista Mapa Fiscal – Suplemento de Legislação, Jurisprudência e Doutrina*, n. 9/94, p. 519.
74. Reajustes salariais, direito adquirido e irredutibilidade salarial. *Orientador Trabalhista Mapa Fiscal – Suplemento de Legislação, Jurisprudência e Doutrina*, n. 10/94, p. 586.
75. Os serviços de processamento de dados e o Enunciado n. 239 do TST. *Orientador Trabalhista Mapa Fiscal – Suplemento de Legislação, Jurisprudência e Doutrina*, n. 11/94, p. 653.
76. Desnecessidade de depósito administrativo e judicial para discutir o crédito da seguridade social. *Orientador Trabalhista Mapa Fiscal – Suplemento de Legislação, Jurisprudência e Doutrina*, n. 12/94, p. 700.
77. Número máximo de dirigentes sindicais beneficiados com estabilidade. *Repertório IOB de Jurisprudência*, n. 24/94, dezembro de 1994, p. 408, texto 2/9636.
78. Participação nos lucros e incidência da contribuição previdenciária. *Revista de Previdência Social*, n. 168, nov. 1994, p. 853.
79. Proteção do trabalho da criança e do adolescente – considerações gerais. *BTC – Boletim Tributário Contábil – Trabalho e Previdência*, dez. 1994, n. 51, p. 625.
80. Critérios de não discriminação no trabalho. *Orientador Trabalhista Mapa Fiscal – Suplemento de Legislação, Jurisprudência e Doutrina*, n. 1/95, p. 103.
81. Embargos de declaração no processo do trabalho e a Lei n. 8.950/94 que altera o CPC. *Repertório IOB de Jurisprudência*, n. 3/95, fev. 1995, texto 2/9775, p. 41.
82. Empregado doméstico – Questões polêmicas. *Orientador Trabalhista Mapa Fiscal – Suplemento de Legislação, Jurisprudência e Doutrina*, n. 2/95, p. 152.
83. Não concessão de intervalo para refeição e pagamento de hora extra. *Orientador Trabalhista Mapa Fiscal – Suplemento de Legislação, Jurisprudência e Doutrina*, n. 3/95, p. 199.

84. Lei altera artigo da CLT e faz prover conflitos. *Revista Literária de Direito*, mar./abr. 1995, p. 13.
85. Empregados não sujeitos ao regime de duração do trabalho e o art. 62 da CLT. *Orientador Trabalhista Mapa Fiscal – Suplemento de Legislação, Jurisprudência e Doutrina*, n. 4/95, p. 240.
86. A Justiça do Trabalho não pode ser competente para resolver questões entre sindicato de empregados e empregador. *Revista Literária de Direito*, maio/jun. 1995, p. 10.
87. Minutos que antecedem e sucedem a jornada de trabalho. *Orientador Trabalhista Mapa Fiscal – Suplemento de Legislação, Jurisprudência e Doutrina*, n. 5/95, p. 297.
88. Práticas discriminatórias contra a mulher e a Lei n. 9.029/95. *Repertório IOB de Jurisprudência*, n. 11/95, jun. 1995, p. 149, texto 2/10157.
89. Conflito entre a nova legislação salarial e a norma coletiva anterior. *Orientador Trabalhista Mapa Fiscal – Suplemento de Legislação, Jurisprudência e Doutrina*, n. 6/95, p. 362.
90. Imunidade tributária. *Suplemento Tributário LTr*, 34/95, p. 241.
91. Cogestão. *Revista do Tribunal Regional do Trabalho da 8ª Região*, v. 28, n. 54, jan./jun. 1995, p. 101.
92. Licença-paternidade. *Orientador Trabalhista Mapa Fiscal – Suplemento de Legislação, Jurisprudência e Doutrina*, n. 7/95, p. 409.
93. Embargos de declaração. *Jornal do VII Congresso Brasileiro de Direito Processual de Trabalho*, São Paulo: LTr, 24 a 26 jul. 1995, p. 54.
94. Reforma da Constituição e direitos previdenciários. *Jornal do VIII Congresso Brasileiro de Previdência Social*, n. 179, out. 1995, p. 723.
95. Ação declaratória incidental e coisa julgada no processo do trabalho. *Suplemento Trabalhista LTr 099/95*, p. 665 e *Revista do TRT da 8ª Região*, Belém, v. 28, n. 55, jul./dez. 1995, p. 39.

SUMÁRIO

TRABALHOS DO AUTOR IX

    Livros IX

    Artigos X

1. INTRODUÇÃO 1

    1.1 Justificativa 1

    1.2 Formulação da hipótese 2

    1.3 Método 2

2. CONCEITO 5

    2.1 Etimologia 5

    2.2 Denominação 5

    2.3 Conceito 5

    2.4 Distinção 7

    2.5 Classificação 8

3. TIPOLOGIA 9

    3.1 Introdução 9

    3.2 Pluralismo político 10

    3.3 Pluralismo jurídico 11

4. HISTÓRICO DAS IDEIAS E DOS FATOS 13

5. MONISTAS 17

    5.1 Introdução 17

5.2 Autores 17
    5.2.1 Thomas Hobbes 17
    5.2.2 Jean-Jacques Rousseau 18
    5.2.3 Immanuel Kant 19
    5.2.4 Hegel 20
    5.2.5 Augusto Comte 21
    5.2.6 John Austin 21
    5.2.7 Rudolf von Jhering 21
    5.2.8 Adolf Lasson 22
    5.2.9 Georg Jellinek 23
    5.2.10 Jean Dabin 24
    5.2.11 Hans Kelsen 24
    5.2.12 Francis Wilson 25
    5.2.13 Georges Burdeau 26
    5.2.14 Alessandro Gropalli 26
    5.2.15 Mario A. Cattaneo 26
5.3 Conclusão 27

6. PLURALISTAS 29
6.1 Introdução 29
6.2 Ideias 29
    6.2.1 Grotius 29
    6.2.2 Leibniz 29
    6.2.3 Johannes Messner 30
    6.2.4 Krause 30
    6.2.5 Paul Scholten 30
    6.2.6 Eugen Ehrlich 30
    6.2.7 Léon Duguit 31
    6.2.8 Georges Gurvitch 33
    6.2.9 Gustav Radbruch 34
    6.2.10 Otto von Gierke 34
    6.2.11 Maurice Hauriou 35
    6.2.12 Georges Renard 35

6.2.13	Walter Kaskel	36
6.2.14	Santi Romano	36
6.2.15	Haroldo Laski	37
6.2.16	Gerhard Husserl	38
6.2.17	Pluralismo corporativista	38
6.2.18	Pluralismo socialista	39
6.2.19	Giorgio Del Vecchio	39
6.3	Conclusão	40

7. PLURALISMO 43

8. CLASSIFICAÇÃO 47
   8.1 Considerações iniciais 47
   8.2 Modelos 48
       8.2.1 Modelo legislado 48
       8.2.2 Modelo negociado 51
       8.2.3 Modelo misto 52
   8.3 Conclusão 52

9. PLURALISMO DO DIREITO DO TRABALHO 55

10. NORMAS INTERNACIONAIS 57
   10.1 Introdução 57
   10.2 Tratados internacionais 60
   10.3 Convenções e recomendações da OIT 61
   10.4 Declarações de direitos 61
   10.5 Comunidade Econômica Europeia 62

11. CONSTITUIÇÃO 65
   11.1 Introdução 65
   11.2 Constituições brasileiras 66
   11.3 Crítica 68

12. LEI	71
12.1 Etimologia	71
12.2 Conceito	71
12.3 Espécies	71
12.4 Legislação estrangeira	75
12.5 Regulamentação	76
13. CONTRATO DE TRABALHO	77
14. REGULAMENTO DE EMPRESA	79
14.1 Introdução	79
14.2 Denominação	79
14.3 Conceito	80
14.4 Distinção	80
14.5 Fonte formal	80
14.6 Classificação	81
14.7 Generalidades	81
15. SENTENÇAS	85
15.1 Sentença	85
15.2 Sentença normativa	85
16. USOS E COSTUMES	87
16.1 Histórico	87
16.2 Denominação	88
16.3 Conceito	88
16.4 Distinção	88
16.5 Características	89
16.6 Classificação	89

16.7 Funções	90
16.8 Legislação estrangeira	90
16.9 Direito do Trabalho	91

17. PACTOS SOCIAIS 95

17.1 Denominação	95
17.2 Conceito	95
17.3 Distinção	95
17.4 Conteúdo	96
17.5 Classificação	96
17.6 Pactos na área trabalhista	96
17.7 Conclusão	100

18. AUTONOMIA PRIVADA COLETIVA 101

18.1 Histórico	101
18.2 Denominação	102
18.3 Conceito	102
18.4 Distinção	103
18.5 Natureza jurídica	105
18.6 Classificação	105
18.7 Divisão	106
18.8 Sujeitos	107
18.9 Limites	108
18.10 Conclusão	109

19. NEGOCIAÇÃO COLETIVA 113

19.1 Conceitos	113
19.2 Distinção	114
19.3 Espécies	114

19.4	Causas	114
19.5	Funções	115
19.6	Validade	115
19.7	Condições	117
19.8	Obrigatoriedade	118
19.9	Níveis	118
19.10	Conteúdo	119
19.11	Legitimação para negociar	120
19.12	Necessidade de homologação	120
19.13	Efeitos	121
19.14	Generalidades	121
19.15	Conclusão	128

20. HIERARQUIA DAS NORMAS 131

20.1	Introdução	131
20.2	Direito estrangeiro	131
	20.2.1 Argentina	131
	20.2.2 Espanha	131
	20.2.3 França	132
	20.2.4 Itália	132
	20.2.5 Luxemburgo	134
	20.2.6 México	134
	20.2.7 Portugal	134
	20.2.8 Uruguai	135
	20.2.9 Venezuela	135
20.3	Direito Internacional	135
20.4	Legislação brasileira	136

21. PLURALISMO SINDICAL 139

21.1	Direito Internacional e estrangeiro	139

21.2 O sistema brasileiro 141

21.3 Crítica 146

22. CONCLUSÃO 149

REFERÊNCIAS 155

1
INTRODUÇÃO

1.1 JUSTIFICATIVA

O tema pluralismo do Direito do Trabalho é atual e oportuno, pois se discute a reformulação do sistema de intervenção do Estado nas relações trabalhistas. É relevante, em razão de ser uma das formas de compreender a multinormatividade do Direito do Trabalho.

Houve certa dificuldade na obtenção de textos específicos sobre a matéria. Às vezes, foram encontrados artigos sobre o assunto. Em dicionários de política, havia verbete sobre o pluralismo e, em certos casos, sobre o monismo. Sobre o pluralismo no Direito do Trabalho, o material encontrado ainda é mais escasso. Era, portanto, necessário fazer um estudo de conjunto sobre a matéria.

Está o pluralismo no cerne das concepções jurídicas e políticas, do prisma da democracia, pois prestigia a liberdade individual e coletiva e prescreve as teorias autocráticas sobre a atividade do Estado. É uma das características do pensamento contemporâneo.

Envolve concepções políticas, limitando certas atitudes relativas ao Estado, porém aperfeiçoa a democracia.

Tem concepções jurídicas, em razão de que se verifica a autonomia dos grupos sociais, que podem produzir normas jurídicas.

A análise do pluralismo demanda o estudo da Teoria do Estado e da Filosofia do Direito, que darão subsídios para conhecer sua evolução, seu conceito e suas consequências, além de suas implicações perante o Direito do Trabalho. O exame da Teoria do Estado é necessário para o estudo do tema em discussão pelo fato de que as teorias sobre o Estado fazem referência ao monismo e ao pluralismo jurídicos. A Filosofia do Direito estuda, entre outras coisas, os primeiros princípios[1], o fundamento das normas, seus pressupostos, sua crítica, visando poder compreendê-las, pois, acima de tudo, o Direito é experiência, mas também filosofia.

---

1. REALE, Miguel. *Filosofia do direito*. São Paulo: Saraiva, 1972, p. 6.

1.2 FORMULAÇÃO DA HIPÓTESE

Deve-se constatar se o Estado aceita o fato de os grupos legislarem de forma paralela, inclusive do ponto de vista do Direito do Trabalho, de forma a tolerar ou reprimir a existência de normas oriundas dos grupos. É preciso também confrontar a norma estatal e a norma oriunda das partes ou dos sindicatos, de maneira a analisar a que tem prevalência. A rigidez da legislação estatal deve ser estudada diante das mudanças que ocorrem na economia.

Existe, assim, um pluralismo do Direito do Trabalho?

1.3 MÉTODO

No decorrer da exposição serão analisados vários institutos. O objetivo não é esmiuçar cada um desses institutos, mas apenas demonstrar o pluralismo do Direito do Trabalho.

Foram utilizados tanto o método estruturalista, de verificar o que é o Direito, como o funcionalista, no sentido de se entender para que serve o Direito.

Os métodos científicos gerais foram usados, como o histórico, o sociológico e o analítico, bem como foi feita a análise do Direito Internacional e Comparado e suas influências, principalmente as normas internacionais editadas pela OIT.

A análise do tema pluralismo do Direito do Trabalho envolve, ainda, a observância dos métodos: a) descritivo: como se observa o pluralismo, descrevendo os vários aspectos pertinentes ao tema; b) comparativo: verificando como se opera em outros países em comparação com o nosso; c) crítico-avaliativo: estabelecendo a crítica ao monismo, ao pluralismo e ao sistema atual.

Foi consultada a doutrina especializada sobre o tema, em livros e periódicos, de forma a dar subsídio ao trabalho.

É preciso examinar as influências de fatores econômicos, políticos, culturais e sociais na formação da norma jurídica, além de ser feita a sua crítica. Afirma Pierre Morville que o Direito do Trabalho constrói-se sobre uma realidade mutável, sendo diretamente influenciado pelos fatores econômicos, políticos, culturais e sociais, pela relação de forças existentes entre os interlocutores sociais[2].

O plano de pesquisa seguiu a ordem abaixo mencionada, em que são destacados os tópicos ou aspectos mais importantes a analisar.

---

2. MORVILLE, Pierre. *Les nouvelles politiques sociales du patronat*. Paris: La Découverte, 1985, p. 17.

Para o desiderato desta exposição, é mister estabelecer a etimologia da palavra *pluralismo*, sua denominação, conceito, distinção, tipologia, histórico das ideias e dos fatos sobre o tema, notando a existência de antinomias entre os monistas e os pluralistas.

Serão indicados vários adeptos do monismo e do pluralismo, fazendo-se a comparação e a crítica das teorias.

Na classificação dos tipos de normas trabalhistas serão analisados os vários modelos existentes e suas consequências.

A partir do Capítulo 9 – Pluralismo do Direito do Trabalho – serão verificadas a influência das normas internacionais, as Constituições, as leis, o contrato de trabalho, os regulamentos de empresa, os usos e costumes e os pactos sociais no Direito do Trabalho, para justificar a existência de um pluralismo de normas trabalhistas.

Em seguida, será estudada a autonomia privada coletiva, sua denominação, conceito, distinção, natureza jurídica e limites para concluir a respeito da sua importância para o pluralismo das normas do Direito do Trabalho.

A negociação coletiva também é muito importante dentro de um sistema pluralista de normas trabalhistas. Serão indicadas suas causas e suas funções para ao final ser feita conclusão a respeito da sua importância.

Em razão dos vários aspectos mencionados, é preciso analisar a hierarquia das normas trabalhistas, já que existem várias delas, de forma a verificar se existe uma mais importante do que a outra ou uma norma que depende da existência de outra para ter validade.

O pluralismo sindical também necessita ser estudado, pois, em primeiro lugar, é uma espécie de pluralismo. É preciso fazer a crítica à existência do sindicato único dentro do contexto da pluralidade de normas trabalhistas.

Afinal serão tecidas as conclusões necessárias, em razão de toda a exposição que foi feita.

Como dizem os chineses, em toda longa caminhada deve se iniciar pelo primeiro passo. É o que será feito, começando pela análise da etimologia da palavra *pluralismo*, sua denominação e conceito.

2
CONCEITO

2.1 ETIMOLOGIA

As palavras têm o seu significado, devendo ser perquirida a sua origem.

Desde a Antiguidade há controvérsia sobre o vocábulo *pluralista*, que foi criado por Lotze[1].

Pluralidade vem do latim *pluralitate*. Pluralismo é originário da palavra *plural*, com o acréscimo do sufixo *ismo*. O sufixo *ismo* vem do grego, com o significado de doutrina, teoria, ato, prática ou resultado de ação, conduta ou característica de.

2.2 DENOMINAÇÃO

Initium doctrinae sit consideratio nominis. O estudo de determinado tema deve-se iniciar pela sua denominação.

A análise do tema não pode ficar restrita à etimologia da palavra *pluralismo*, pois este tem significado muito amplo.

O termo mais correto a ser utilizado não é pluralidade, mas pluralismo. Pluralidade tem o significado de o maior número, o geral. Pluralismo tem um sentido mais específico, da prática da ação por mais de um ser. Pluralismo político é a possibilidade da existência de vários partidos políticos na sociedade. Pluralismo jurídico é a existência de várias normas dentro de um ordenamento jurídico, não sendo apenas o Estado o único a editar normas jurídicas.

2.3 CONCEITO

J. H. Rosny Boex-Borel entende que o termo *pluralismo* quer dizer a colocação pela qual a diversidade, a heterogeneidade e a descontinuidade prevalecem,

---

1. LOTZE, Rudolf Hermann. *Metaphysik*. Leipzig, 1841.

sempre, na ordem científica, sobre a identidade, a homogeneidade e a continuidade[2].

Jacques Vanderlindem afirma que pluralismo é a "existência, no seio de uma sociedade determinada, de mecanismos jurídicos diferentes, sendo aplicados a situações idênticas"[3].

Pluralismo, para Octavio Bueno Magano, "significa a livre atuação dos indivíduos e dos grupos componentes da sociedade civil, na persecução dos interesses que lhe são próprios. Numa síntese, poderíamos dizer que o pluralismo corresponde à existência, no seio da sociedade civil, de centros autônomos de produção jurídica, entendendo-se que as normas deles oriundas possuem a mesma natureza das emanadas pelo Estado... O aspecto de maior relevância do pluralismo é, pois, a negação da exclusividade normativa do Estado"[4].

Para Giorgio Del Vecchio, corresponde o pluralismo à existência, no seio da sociedade civil, de centros autônomos de produção jurídica, entendendo-se que as normas deles oriundas possuem a mesma natureza das emanadas do Estado, com a diferença de que as do último são dotadas da mais intensa positividade[5].

Karl Loewenstein assevera que, do ponto de vista negativo, o pluralismo significa a valorização do grupo profissional e econômico como instrumento vertical de limitação do poder estatal[6].

O pluralismo jurídico é, portanto, a coexistência de várias normas jurídicas na mesma sociedade política, que não as emanadas apenas do Estado. Não se pode dizer que o pluralismo do Direito é o fato de que as mesmas pessoas submetem-se a ordens jurídicas independentes, como afirma Nelson Mannrich[7], pois isso pode não ocorrer. Não posso dizer que me submeto às ordens jurídicas dos contrabandistas, pois não estou integrado a essa comunidade, mas devo observar as normas provenientes do Estado.

Pluralismo político é a possibilidade de haver vários partidos políticos na mesma sociedade.

---

2. BOEX-BOREL, Joseph Henri Rosny. *Essai sur la discontinuité et l'hétérogeneité des phenomènes*, 1900; *Les sciences et le pluralisme*, 1922; e *Le pluralisme*, 1909.
3. VANDERLINDEM, Jacques. *Le pluralisme juridique*. Bruxelles: Université de Bruxelles, 1972, p. 19.
4. MAGANO, Octavio Bueno. Liberalismo, corporativismo, pluralismo e neocorporativismo. *Revista da Faculdade de Direito da USP*, v. LXXVIII, p. 56-57, 1983.
5. DEL VECCHIO, Giorgio. *Leçons de philosophie du droit*. Paris: Sirey, 1936, p. 297.
6. LOEWENSTEIN, Karl. *Political power and the governmental process*. Chicago: The University of Chicago Press, 1965, p. 344.
7. MANNRICH, Nelson. Pluralismo jurídico e direito do trabalho. *Revista da Associação dos Advogados de São Paulo*, 2002, p. 13.

Nega o pluralismo a exclusividade normativa do Estado. Opõe-se à centralização do Direito em torno do Estado. Há uma diversificação de processos de formação do Direito[8]. O Estado não é a única fonte de normas. Existem normas criadas pelo Estado e por outros grupos, como os sindicatos, a Igreja, as organizações esportivas etc. O grupo edita normas que passam a ter validade própria, podendo ser vinculadas ou não ao Estado. Em certos casos, as normas do grupo são independentes das normas estatais, como ocorre nos países em que não existe um Direito do Trabalho legislado, prevalecendo as normas coletivas. Há, ainda, as regras do Direito Internacional, que muitas vezes são feitas mediante tratados, tendo incidência no ordenamento jurídico dos países.

2.4 DISTINÇÃO

O pluralismo contrapõe-se frontalmente ao monismo jurídico. Neste, o Estado goza do monopólio para a instituição de normas jurídicas. O monismo jurídico só reconhece a ordem jurídica estatal. O pluralismo vê o mundo e a sociedade dos homens como um conjunto, com realidades independentes, havendo várias normas a regular a vida em sociedade, oriundas de várias fontes. Afirma o pluralismo a existência de uma pluralidade de ordenamentos jurídicos no seio da vida na sociedade. No pluralismo, o Estado não é a fonte única e exclusiva do Direito.

Reconhece o pluralismo os corpos intermediários como autônomos, tomando parte nos problemas sociais e econômicos. O liberalismo não o faz. Tem, porém, o pluralismo semelhanças com o liberalismo, no ponto em que há liberdade para a atuação dos indivíduos.

Não se confunde o pluralismo com a soberania. O Estado tem soberania, que lhe é inerente, sendo decorrente de seu poder de império. Os grupos gozam de autonomia, do poder de emitir normas próprias, que são permitidas ou toleradas pelo Estado.

Diferencia-se o pluralismo do dirigismo contratual, em que a política jurídica restringe a autonomia negocial nos efeitos sobre o contrato de trabalho.

Distingue-se o pluralismo do totalitarismo. Nos regimes totalitários, há uma ingerência total do Estado na atividade dos indivíduos, dos grupos. Estes fazem parte do Estado e devem observar suas determinações para que possam ser reconhecidos. O pluralismo admite a possibilidade de os grupos emitirem normas jurídicas, paralelas às do Estado.

---

8. NASCIMENTO, Amauri Mascaro. *Curso de direito do trabalho*. 10. ed. São Paulo: Saraiva, 1992, p. 135.

2.5 CLASSIFICAÇÃO

O pluralismo poderia ser classificado em originário e derivado.

Pluralismo originário confunde-se com soberania, do poder do Estado de impor normas aos seus súditos. Nesse caso, a sua existência e o funcionamento do seu sistema não dependem de nenhum outro ordenamento jurídico.

No pluralismo derivado, há delegação do Estado aos grupos para que venham a estabelecer normas próprias. O ordenamento do grupo é dependente do que foi delegado pelo Estado.

3
TIPOLOGIA

3.1 INTRODUÇÃO

A sociedade pluralista tem vários pressupostos, como, por exemplo, políticos, culturais, educacionais, econômicos, jurídicos e sociais.

A Constituição de 1988 prevê, direta ou indiretamente, o pluralismo.

Determina o inciso V do art. 1º o pluralismo político como um dos fundamentos da República Federativa do Brasil. Estabelece o art. 17 o pluripartidarismo.

É indicado o pluralismo cultural nos arts. 215 e 216 da Lei Magna, pois o Estado garantirá a todos o pleno exercício dos direitos culturais e acesso às fontes da cultura nacional.

O pluralismo no âmbito do ensino é estabelecido no art. 206 da Lei Maior, esclarecendo que "o ensino será ministrado com base nos seguintes princípios: (...) III – pluralismo de ideias e de concepções pedagógicas e coexistência de instituições públicas e privadas de ensino".

Esboça-se o pluralismo econômico pela livre-iniciativa e livre concorrência, previstas no art. 170 da Constituição e no seu inciso IV.

Há o pluralismo dos meios de informação, pois é proibido o monopólio ou oligopólio direto ou indireto dos meios de comunicação (§ 5º do art. 220).

O pluralismo social seria uma forma de contrabalançar o poder do Estado[1], pois a sociedade é composta de vários grupos, como a Igreja, as associações, os sindicatos.

Não serão tratados todos os aspectos do pluralismo, mas apenas os dois mais importantes para o desenvolvimento deste trabalho. Será feita breve menção ao pluralismo político para chegar-se ao pluralismo jurídico, sendo o último o fundamental para a análise do pluralismo do Direito do Trabalho.

---

1. FERREIRA FILHO, Manoel Gonçalves. *A reconstrução da democracia*. São Paulo: Saraiva, 1979, p. 86-87.

3.2 PLURALISMO POLÍTICO

O preâmbulo da Constituição de 1988 menciona que a Assembleia Nacional Constituinte foi reunida para instituir um Estado Democrático de Direito, destinado a assegurar o exercício dos direitos sociais e individuais, a liberdade, a segurança, o bem-estar, o desenvolvimento, a igualdade e a justiça como valores supremos de uma sociedade fraterna, **pluralista** e sem preconceitos, fundada na harmonia social.

Prevê o inciso V do art. 1º da Lei Maior o pluralismo político como um dos fundamentos da República Federativa do Brasil, que se constitui num Estado Democrático de Direito.

Leciona Manoel Gonçalves Ferreira Filho que o pluralismo político é o reconhecimento do "valor intrínseco do pluralismo de ideias e opiniões no plano político. Consequência disso é a recusa de toda tese que vise, por exemplo, a implantar um partido único ou a estabelecer uma doutrina oficial. Neste ponto a Constituição põe em destaque um princípio que é considerado fundamental nas democracias de derivação liberal"[2].

José Cretella Jr. entende que a sociedade pluralista é o "conjunto de pessoas que admitem a diversidade de concepções ou opiniões, classificando-se, assim, como aberta, pronta ao diálogo, à discussão, repelindo a concepção fechada ou unilateral, que impõe por pressão ao grupo a opinião de um grupo liderado por um chefe"[3]. É a sociedade heterogênea, franca, aberta, pronta ao diálogo[4]. "O pluralismo harmônico, ao mesmo tempo que afirma a manutenção da independência e da ausência de interação, defende a existência de um princípio qualquer, suscetível de fazer a aglutinação e a estruturação das realidades dentro de um todo dominado pela hierarquia. É a diversidade, na unidade"[5].

A ideia de pluralismo político é, porém, muito mais ampla, pois também envolve até mesmo o pluralismo sindical. Nesse sentido são as lições de Celso Bastos, esclarecendo que "a democracia impõe formas plurais de organização da sociedade. Por pluralismo político não se deve entender tão somente a multiplicidade de partidos políticos. Há de se entender também o pluralismo dos sindicatos, das igrejas, das escolas e das universidades, das empresas, das organizações culturais e, enfim, de todas aquelas organizações que podem ser

---

2. FERREIRA FILHO, Manoel Gonçalves. *Comentários à Constituição brasileira de 1988*. São Paulo: Saraiva, 1990, p. 19.
3. CRETELLA JR., José. *Comentários à Constituição de 1988*. 3. ed. Rio de Janeiro: Forense Universitária, 1992, v. 1, p. 101-102.
4. CRETELLA JR., José. *Comentários à Constituição de 1988*, cit., p. 102.
5. CRETELLA JR., José. *Comentários à Constituição de 1988*, cit., p. 102.

sempre de interesses específicos dentro do Estado e consequentemente servir para opor-se-lhe e controlá-lo"[6]. Envolve, portanto, o pluralismo político vários centros de poder. É o caso de se falar, assim, numa pluralidade de processos, para o exercício pleno da democracia.

O pluralismo sindical, porém, não existe no Brasil, pois o inciso II do art. 8º da Lei Maior veda a existência de mais de um sindicato na mesma base territorial, que não poderá ser inferior à área de um município. Há, portanto, a unicidade sindical, e não a pluralidade sindical. Fica, em parte, mitigado o pluralismo político, em decorrência da unicidade sindical.

Dispõe o art. 17 da Constituição ser livre a criação, fusão, incorporação e extinção de partidos políticos.

Os partidos políticos têm autonomia, podendo definir sua estrutura interna, organização e funcionamento (§ 1º do art. 17 da Lei Magna).

3.3 PLURALISMO JURÍDICO

O pluralismo jurídico pode ser dividido de várias formas: a) proveniente do Poder Legislativo, quando são elaboradas as leis; b) originado do Poder Judiciário, que corresponde à jurisdição; c) decorrente dos usos e costumes jurídicos, que indicam o poder social, do povo; d) negocial: derivado da autonomia da vontade das partes em estabelecer normas, como no contrato de trabalho, nas convenções e nos acordos coletivos.

No pluralismo há vários grupos que representam interesses sociais diversos. O Estado acaba funcionando como mero árbitro e a ele incumbe harmonizar os conflitos. Pode-se dizer que são tantos os grupos quantos forem os interesses a serem defendidos pelas organizações.

Tem o pluralismo uma feição democrática, pois admite a existência de várias normas jurídicas estabelecendo regras de conduta.

Há referência ao pluralismo no art. 1º da Constituição espanhola: "A Espanha constitui-se num Estado social e democrático de direito, que afirma como valores superiores do seu ordenamento jurídico a liberdade, a justiça, a igualdade e o pluralismo político" (art. 1º, 1). Deve-se entender que se refere tanto ao aspecto político como ao social. O art. 7º afirma que os sindicatos de trabalhadores e as associações de empresários contribuem para a defesa e a promoção dos interesses

---

6. BASTOS, Celso Ribeiro; MARTINS, Ives Gandra da Silva. *Comentários à Constituição do Brasil*. São Paulo: Saraiva, 1988, v. 1, p. 426.

sociais que lhe são próprios. O referido artigo contém uma concepção pluralista, resultado do conflito de interesses dos diversos grupos sociais.

Já determinava o art. 2º da Constituição italiana que o Estado deveria garantir os direitos invioláveis do homem, seja considerado individualmente, seja nas formações sociais de que participa. Desse preceito depreendeu-se que reconhecia não só os grupos, mas também a possibilidade da sua atuação, exteriorizando o pluralismo. Esclarece Mengoni que "a Constituição de 1947 reconhece o pluralismo da sociedade italiana, contendo o seu art. 2º uma profissão de fé na concepção dos corpos intermediários"[7].

---

7. MENGONI, Luigi. *La partecipazione del sindacato al potere politico dello Stato*. En hommage a Paul Horion. Liège: Faculté de Droit de Liège, 1972, p. 179.

4
HISTÓRICO DAS IDEIAS E DOS FATOS

No Direito Romano, só o *ius publicum* era considerado direito estatal. O *ius civile* e o *ius privatum* não correspondiam ao que hoje se chama de Direito Civil ou Direito Privado, mas eram o direito extraestatal, o conjunto do direito da sociedade e o direito dos juristas. A oposição tradicional entre o direito público e o direito privado era, no fundo, uma oposição entre as diversas fontes do direito: fontes estatais e fontes extraestatais, "lei" e "direito autônomo"[1].

Platão via o Estado como um grande instituto pedagógico, que regulava, amparava e vigiava a vida individual em todas as suas manifestações. Fora do Estado não deveria existir nenhuma esfera autônoma de atividade.

Na sociedade medieval, havia a observância do pluralismo jurídico. Existiam várias fontes de produção do Direito, que eram o costume, a legislação, a doutrina e a jurisprudência. Os ordenamentos jurídicos eram originários e autônomos, produzindo normas jurídicas, como a Igreja e o Império. Eram encontrados ordenamentos inferiores, que produziam suas regras, como os feudos, as comunas e as corporações.

No início da Idade Moderna, foram unificadas as fontes de produção jurídica apenas na lei, que era a expressão do poder soberano. O costume passa a ter validade apenas se for reconhecido pela lei. A jurisdição somente tem a função de aplicar as normas jurídicas, representando função secundária. Unificam-se também os ordenamentos jurídicos superiores e inferiores em torno do Estado, passando unicamente a existir o ordenamento jurídico estatal, que corresponde à vontade do príncipe. O monarca, portanto, era soberano. As monarquias lutam contra a supremacia da igreja universal, pretendendo a instituição das igrejas nacionais, como a da Inglaterra do século XVI. Prega-se a extinção dos Impérios com a formação de Estados nacionais. Os ordenamentos inferiores são absorvidos pelo Estado, sendo que o rei queria abolir a autonomia das comunas e os privilégios das corporações. A monarquia não reconhece outro ordenamento

---
1. EHRLICH, Eugen. *A lógica jurídica*, 1918, p. 83.

jurídico, a não ser o emanado do Estado, por intermédio da lei. Só ela é capaz de produzir o Direito. Daí a existência de um monismo jurídico.

Nicolau Maquiavel, na sua obra *O príncipe*, defende a formação do Estado absoluto. O Estado não tinha qualquer limite, a não ser os estabelecidos por ele próprio. A pessoa tem obrigações que o soberano não possui. O poder do Estado tem supremacia sobre a moral e a religião. O príncipe, na verdade, não seria um simples mortal.

Nos séculos XVII e XVIII, o Estado não intervinha nas relações de trabalho. Não eram emitidas leis para regular situações de trabalho ou para melhorar as condições laborais dos trabalhadores.

O liberalismo tradicional pregava a valorização do indivíduo, vedando a existência de corpos intermediários entre o indivíduo e o Estado, proibindo as associações e tipificando como crime as coalizões de trabalhadores[2]. Bem se verifica a ideia do liberalismo na concepção de Rousseau, quando menciona que a preservação da liberdade individual exige a proibição da existência de corpos intermediários entre o Estado e os indivíduos[3]. A Lei Le Chapelier, de 1791, proibiu os corpos intermediários entre o indivíduo e o Estado. O Estado permanecia alheio à área econômica[4], funcionando como mero árbitro em relação aos conflitos entre as pessoas. Essa doutrina é sintetizada na expressão *laissez faire, laissez passer, laissez aller*. O governo era apenas um mero intermediário entre o povo e a vontade geral. A ordem econômica evolve naturalmente, independendo da atuação do Estado. Este se foi estruturando com base na soberania nacional, exercida pelo sistema representativo; há tripartição dos poderes (Legislativo, Executivo e Judiciário); divide-se o Direito em público e privado. A lei é que determina o que a pessoa deve fazer. Havia igualdade entre as pessoas, sem qualquer distinção. O trabalho ficava sujeito à lei da oferta e da procura. Respeitava-se incondicionalmente a propriedade privada.

Após a Revolução Francesa, de 1789, a lei passou a ser considerada a única expressão autêntica da Nação, da vontade geral. É a tese defendida por Rousseau.

O liberalismo ortodoxo via o trabalho como mercadoria e o salário como preço dessa mercadoria. Entretanto, o trabalho não pode ficar sujeito à lei da oferta e da procura, pois o trabalhador é desigual em relação ao empregador, que tem o poder econômico, necessitando, assim, ser protegido. Os interesses do capital e do trabalho normalmente são antagônicos, devendo existir

---

2. Os arts. 414 e s. do Código Penal francês de 1810 previam o delito de coalizão. Esse crime só deixou de existir na França em 1864.
3. ROUSSEAU, Jean-Jacques. *Du contrat social*. Paris: Egloff, 1946, p. 73.
4. DREYFUS, Françoise. *L'intervencionisme économique*. Paris: PUF, 1971, p. 6.

um sistema de equilíbrio entre eles. O valor do trabalho deve ser analisado também da ótica social, da dignidade da pessoa humana, e não apenas pelo lado econômico.

O trabalhador não tinha condições de fazer valer qualquer direito seu, pois o Estado não tutelava esse tipo de relação. As coligações, que tiveram por objetivo a defesa dos interesses dos operários, eram combatidas pela autoridade estatal.

Foi, assim, sendo formado um direito extraestatal, originário das próprias partes, paralelo ao direito estatal, sem a chamada sanção incondicionada, pressionando a ordem jurídica estatal e obrigando-a a incorporá-lo e reconhecê-lo.

As primeiras leis trabalhistas foram implantadas na fase do liberalismo. Decorreram da indignidade das condições de trabalho, pretendendo valorizar o trabalho humano. O Estado abstinha-se de legislar sobre a relação de trabalho, ignorando a desigualdade econômica do trabalhador em relação ao empregador. Na época, o trabalhador era explorado pelo empregador, não tendo qualquer proteção. São estabelecidas as primeiras leis de proteção, como do trabalho do menor e da mulher, da limitação da jornada de trabalho. Posteriormente, são estabelecidas as leis que permitiram a atividade sindical e outras.

Constata-se que os direitos reivindicados pelos trabalhadores foram sendo transformados em normas legais. Além disso, foi preciso estabelecer proteção por meio de normas estatais, justamente porque o empregador não é igual ao empregado, necessitando, portanto, de uma legislação especial de cunho protecionista e tutelar, visando a evitar os abusos do empregador.

O conceito de pluralismo jurídico passa a ser importante a partir do início do século XVIII. Houve a reação da Escola Histórica ao centralismo jurídico, pois este iria destruir o *Volksgeist*. No século XIX, passa a existir a preocupação com o "direito vivo", que distingue normas de decisão (jurídico-estatais) e normas de organização (jurídico-sociais) e o realismo norte-americano, que fazia distinção entre *law in books* e *law in action*.

A partir da metade do século XX, o sentido originário do conceito de pluralismo jurídico é modificado. O pluralismo passa a ser visto como a situação em cujo âmbito de uma simples esfera de jurisdição existe mais do que um corpo de lei[5]. O Direito não seria apenas o originário do Estado, mas também o elaborado fora do âmbito estatal.

---

5. FRIEDMAN, Lawrence. *Verso una sociologia del diritto transnacionale*. Sociologia del Diritto. Milano: Franco Angeli, 1993, n. 1, p. 41; VANDERLINDEM, Jacques. Return to legal pluralism. *Journal of Legal*

A primeira fase do pluralismo jurídico diz respeito ao desenvolvimento do historicismo jurídico. A nacionalidade dos direitos decorre da consciência popular. O Direito é o resultado da vontade do povo. Há muitos ordenamentos jurídicos porque existem muitas nações. Existe nessa fase um caráter estatista. Aí se insere o positivismo jurídico, em que não existiria outro direito a não ser o positivo[6].

Como ideologia, o positivismo jurídico é a afirmação de que as leis devem ser cumpridas incondicionalmente, quer dizer, independentemente do seu conteúdo, pois existiria a obrigação moral de obedecer às leis válidas. No que diz respeito à teoria do direito, o positivismo jurídico reduz o direito a direito estatal e este é a criação do legislador. Enquanto método, o positivismo jurídico é um modo de entender o estudo científico do Direito. Deve-se considerar o Direito tal qual é, de acordo com a sua finalidade, e não como deveria ser[7].

A segunda fase do pluralismo jurídico é chamada de institucional por Norberto Bobbio. Há muitos ordenamentos jurídicos, mas todos do mesmo tipo. Há um ordenamento jurídico onde exista uma instituição, isto é, um grupo social organizado. A sociedade estaria abaixo do Estado[8]. O institucionalismo é defendido, entre outros, por Maurice Hauriou e Georges Rennard.

Pluralism an Unofficial Law, n. 28, p. 153-154, 1989.
6. BOBBIO, Norberto. *Teoria do ordenamento jurídico*. Brasília: UnB, 1982, p. 162.
7. BOBBIO, Norberto. Giusnaturalismo e positivismo giuridico. *Rivista di Diritto Civile*, Padova: Cedam, ano VIII, v. 1, p. 507-508, 1962.
8. BOBBIO, Norberto. *Teoria do ordenamento jurídico*, cit., p. 163.

5
MONISTAS

5.1 INTRODUÇÃO

O estudo das diversas correntes serve para entender o passado, investigar a realidade atual e planejar o futuro. Como afirma Voltaire, os edifícios novos sempre foram construídos sobre os alicerces da antiguidade.

O monismo é o sistema legal determinado pelos órgãos estatais, que se considera como Direito Positivo, não existindo positividade fora do Estado e sem o Estado. Há uma identidade entre o Estado e o Direito, com uma relação de antecedente e consequente.

Serão examinados abaixo alguns autores que pregavam o monismo, ressaltando suas ideias mais importantes.

5.2 AUTORES

5.2.1 Thomas Hobbes

Para Thomas Hobbes, em *Leviatã*, publicado em 1651, o Estado tem um poder ilimitado, não só o ordenador do Direito Positivo, como também o próprio criador da Justiça.

A ordem jurídica justa é a que garante a paz.

Todas as leis escritas e não escritas adquirem autoridade e força pela vontade do Estado.

A única fonte do Direito é a vontade do soberano, lutando contra a supremacia do direito consuetudinário (*common law*), existente na Inglaterra.

A Igreja não é um ordenamento jurídico superior ao do Estado, pois se identifica com o ordenamento jurídico estatal.

Entre Estados não existe ordenamento jurídico superior, mas apenas o do mais forte, valendo o estado de natureza.

Os ordenamentos jurídicos inferiores não são ordenamentos jurídicos, em razão de que dependem do reconhecimento jurídico do Estado. Logo, não podem ser considerados ordenamentos jurídicos originários ou autônomos.

Os cidadãos não devem resistir à vontade do soberano. Cada um deve renunciar ao ilimitado poder do Estado. Direito é, então, a vontade do soberano, que é o único legislador. O soberano pode cometer uma iniquidade, mas não uma injustiça, pois é a encarnação da própria Justiça.

A determinação jurídica posta pelo Estado é todo o justo. Toda lei consiste na declaração manifestação de vontade de quem ordena. Todas as leis, escritas ou não, recebem sua força e autoridade da vontade do Estado. Só o Estado prescreve e ordena a observância daquelas regras que chamamos leis. Ninguém pode fazer leis a não ser o Estado, pois nossa sujeição é unicamente para com o Estado[1].

Os homens celebram o contrato, que é a mútua transferência de direitos. Por este ato é que se estabelece a vida em sociedade[2].

O contrato constitutivo do Estado é um contrato de renúncia e de transferência dos próprios direitos naturais em favor do soberano[3].

Os indivíduos, quando constituem o Estado, fazem um acordo recíproco, cedendo seus direitos ao soberano. Concluído o acordo, devem obedecer-lhe sem discussão.

O governo resulta do contrato de sociedade celebrado entre os súditos, mas o primeiro não é parte contratante, não firma nenhum pacto com os súditos.

5.2.2 Jean-Jacques Rousseau

Jean-Jacques Rousseau escreveu *O contrato social*, publicado em 1762, exercendo grande influência sobre a Revolução Francesa. O Estado nasce de um contrato.

O pensador só considera lei a expressão da vontade geral, que é o que foi determinado pelo soberano. Essa ideia é encontrada no art. 6º da Declaração dos Direitos do Homem e do Cidadão, de 1789: "A Lei é a expressão da vontade geral".

O Direito autêntico é estabelecido pela lei, que é a expressão da vontade geral. A lei exprime o liame social, estando acima do homem. O costume não poderia prevalecer contra a lei, pois só esta encarna os imperativos da razão.

---

1. HOBBES, Thomas. *Leviatã*. São Paulo: Abril Cultural, 1979, p. 161-164.
2. HOBBES, Thomas. *Leviatã*. São Paulo: Abril Cultural, 1974, v. XIV, p. 83-84 (Col. Os Pensadores).
3. BOBBIO, Norberto. *Direito e Estado no pensamento de Emanuel Kant*. 4. ed. Brasília: UnB, 1997, p. 46.

A soberania una, inalienável e indivisível constitui a única fonte legítima do Direito. É a soberania a expressão da vontade geral, que, por sua vez, é a expressão do "eu comum" e se concretiza na legislação de um povo[4]. Identifica-se, portanto, a soberania com a vontade geral.

O povo legislando soberanamente é o Estado, criador do Direito que se confunde com a lei.

Rousseau acaba construindo a ideia do Estado absorvente e tirânico, que tudo determina.

Ser livre era observar a vontade comum ou a vontade da maioria. O Estado concretiza essa liberdade, de acordo com os seus limites. A vontade do Estado ou a vontade geral é a vontade da maioria, é a vontade dos que executam as leis em nome do "eu comum". O Direito é o produto da decisão da maioria, de acordo com a previsão legal. É o Direito, portanto, a lei, a expressão da vontade geral. Esta é a vontade da maioria do povo, que governa. Logo, o Direito é a vontade do Estado.

A liberdade de Rousseau é exercida de acordo com a lei do Estado.

A força era empregada para estabelecer o justo, de colocar as pessoas no caminho certo, obrigando-as pela força a serem livres.

Rousseau aproxima-se de Hobbes no ponto em que nega a existência de contrato entre o povo e o governante. O governo resulta da existência do contrato, mas não é parte no contrato. Somente os particulares é que estabelecem a convenção.

Não há uma renúncia em favor de um terceiro. Cada um renuncia em favor de todos, de cada indivíduo para si mesmo, como membro de uma totalidade.

O Direito, porém, é criado pelo homem e tem vigência, enquanto a lei é a vontade das pessoas.

5.2.3 Immanuel Kant

Em Kant verifica-se o germe do positivismo jurídico, em que o Direito era a lei e o Estado a única fonte do Direito. A liberdade era um direito natural.

Identificava Kant a justiça com a liberdade.

O Direito é o que possibilita a livre coexistência dos homens, em nome da liberdade, porque somente onde a liberdade é limitada, a liberdade de um não se transforma numa não liberdade para os outros e cada um pode usufruir da liberdade que lhe é concedida pelo direito de todos os outros de usufruir de uma liberdade igual à dele.

---

4. ROUSSEAU, Jean-Jacques. *Du contrat social*. Paris: Deyfus-Brisac, 1891.

O Estado tem como finalidade garantir a liberdade, e não a felicidade, para que cada um possa buscar a felicidade a seu modo, implicando a não interferência do Estado nas relações entre os indivíduos, de maneira a assegurar a coexistência das liberdades individuais por intermédio do Direito.

Representa o Estado um pacto, em que os direitos individuais são postos sob a proteção de todo o povo, que detém a soberania. Perdeu força, porém, a ideia do contrato social para explicar os poderes do Estado. O contrato não seria uma forma de fundação da sociedade e do Estado, mas um modo de sua explicação, como se tivesse havido um contrato.

Para Kant, há um "contrato originário" para fundamentar a constituição civil de uma comunidade. O "contrato originário" é um ideal do qual se deve tirar a justificação do estado de natureza para o estado civil. O contrato é uma ideia da razão.

É a lei uma limitação que os indivíduos estabelecem reciprocamente em relação às suas autonomias. É a expressão da vontade de todos. Vale por si mesma.

A lei de Kant é a expressão do "verdadeiro eu", assemelhando-se ao *moi commun* de Rousseau.

Para Kant, Direito e faculdade de coagir significam a mesma coisa. O Direito necessita de coação. Não se concebe outro Direito a não ser o estatal. Somente o Direito Público é Direito.

As leis de conduta humana são ordens, não descrevem, mas prescrevem.

5.2.4 Hegel

George Wilhelm Friedrich Hegel via o Estado como a própria realização da liberdade. A liberdade se faz positiva e se realiza positivamente. O homem só verifica a sua essência no Estado[5]. Este é que forma o cidadão.

A sociedade e o Estado são realidades históricas resultantes da natureza social do próprio indivíduo. A pessoa humana surge de forma abstrata, adquirindo conteúdo e sentido com o advento da sociedade civil. Esta só obtém concreção com a criação do Estado, que representa a verdade da sociedade.

O Estado é a realidade da ideia moral. Acima do Estado só o absoluto. Toda a realidade espiritual do homem reside no Estado.

Via o Estado como um organismo, que é a constituição política.

---

5. HEGEL, George Wilhelm Friedrich. *Lecciones sobre la Filosofía de la historia universal*. Madrid, 1928, v. I, p. 82.

Em Hegel há uma distinção em relação a Rousseau e Kant, pois o primeiro via o Estado como a própria realização da liberdade. Os últimos conciliavam a liberdade com a autoridade do Estado.

5.2.5 Augusto Comte

Augusto Comte leciona que aquilo que não está na lei, não é considerado Direito (*quod non est in lege, nec in iure*). A criação do Direito é mera função estatal, nascendo e morrendo.

Prega o positivismo, insurgindo-se contra o *laissez faire, laissez passer* do liberalismo.

Manifestou-se favorável à intervenção do Estado na ordem econômica.

5.2.6 John Austin

John Austin foi o fundador da Escola Analítica de Jurisprudência. Entende que o Direito Positivo é como o Direito emanado ou permitido pelo Estado.

O Direito é a expressão da vontade soberana e a soberania é o poder absoluto de emanar Direito Positivo. É um mandado do soberano.

A lei é o comando emanado pelo Estado.

A autoridade produtora de normas jurídicas é o poder soberano do Estado. Este é legalmente soberano.

"Direta ou indiretamente o soberano, o legislador supremo, é o autor de todo o direito; e todas as leis são derivadas da mesma fonte"[6].

O Direito criado pelos juízes não deixa de ser direito estatal, pois é atribuição concedida aos juízes pelo próprio Estado.

A existência do Direito é uma coisa, seu mérito ou demérito, outra[7].

5.2.7 Rudolf von Jhering

No início do século XIX, Rudolf von Jhering afirmava que "o Estado é a única fonte do Direito. A autonomia exercida de fato por muitas associações ao lado do Estado não contradiz esta asserção. Essa autonomia encontra sua base

---

6. AUSTIN, John. *Lecture on jurisprudence*, 1870, v. II, p. 526.
7. AUSTIN, John. *The province of jurisprudence determined and the uses of the study of jurisprudence*. London: Weidenfeld and Nicolson, 1954, p. 184-185.

jurídica numa concessão expressa ou na tolerância tácita do Estado. Não existe por si mesma, deriva do Estado"[8].

O Direito é formado por normas imperativas dotadas de coação. Assevera que o Direito de coação social somente é encontrado nas mãos do Estado, que tem seu monopólio absoluto. A coação é que distingue uma norma jurídica de uma norma religiosa ou ética. O Direito existe pelo fato de o Estado emprestar-lhe coação. O Direito de coação social acha-se somente nas mãos do Estado; é seu monopólio absoluto.

O Estado é a única fonte de direito. As normas que não podem ser impostas por ele não constituem regras de direito. O Direito implica a força bilateralmente obrigatória da lei, havendo a submissão do Estado às leis que promulga. As regras sociais sancionadas pela coação pública são as únicas que constituem o Direito[9].

As associações que queiram fazer valer seu direito devem recorrer ao Estado.

Não existe direito de associação fora da autoridade do Estado, mas apenas direito de associação derivado do Estado[10].

Em Jhering verifica-se a teoria da supremacia absoluta do Estado quanto à criação do Direito. Só é Direito Positivo o emanado do Estado.

Uma regra de Direito desprovida de coação jurídica é um contrassenso; é um fogo que não queima, um facho que não ilumina[11].

O Direito existe em função da sociedade, e não a sociedade em função do Direito[12].

5.2.8 Adolf Lasson

Adolf Lasson também é monista, entendendo o Direito como produto exclusivo do Estado.

O Direito, segundo seu conceito, é a vontade do Estado, enquanto que se expressa ela mesma em forma de determinações gerais para a conduta.

Não há, pois, mais que uma fonte de Direito propriamente tal, a saber, a vontade do Estado.

---

8. JHERING, Rudolf von. *A evolução do direito*. Lisboa: José Bastos, s.d., p. 220-221.
9. JHERING, Rudolf von. *A evolução do direito*, cit., p. 212.
10. JHERING, Rudolf von. *El fin en el derecho*. Madrid, p. 201.
11. JHERING, Rudolf von. *El fin en el derecho*, cit., p. 204.
12. JHERING, Rudolf von. *Der Zweck im Recht. Zweite Umgearbeitete Auflage*, Erster Band. Leipzig: Druck und Verlag von Breitkopf & Härtel, 1884, p. 424.

O Direito caracteriza-se sem exceção nem limitação porque o Estado o reconhece e o efetua com seu poder[13].

5.2.9 Georg Jellinek

Georg Jellinek leciona que o Estado soberano é o criador do próprio Direito, podendo livremente usar de seu poder de coagir em toda a sua plenitude (*Staatsgewalt*)[14]. É o Direito por excelência.

A soberania consiste na capacidade exclusiva de impor a vontade do Estado, enquanto soberano, de determinar em todos os sentidos a própria ordem jurídica. O poder soberano não tem limites[15]. O Estado é livre para criar o Direito Positivo, de conservar ou transformar esse Direito. Primeiro existe o Estado para depois existir o Direito. O Estado é que posteriormente cria o Direito. Só no Estado há Direito Positivo. A existência do Direito depende da presença de uma organização que o realize[16].

É irrelevante para a formação do Estado o Direito Internacional, porque este obriga os Estados apenas quando estes já existam e estão em condição de reconhecê-lo.

Reconhece que no curso da história o Direito não tem sido negócio exclusivo do Estado[17]. Admite a possibilidade de um Direito extraestatal, mas acrescenta que só no Estado existe Direito Positivo.

O Estado é o mais poderoso fator social de força. Todos os grupos tendem a ser auxiliados ou pelo menos reconhecidos pelo Estado[18].

Fora do Estado só existe Direito de coordenação social, por concessão ou reconhecimento de autonomia por parte do próprio Estado[19], sem garantia jurídica específica.

O Direito é feito para o Estado e não o Estado para o Direito.

Mesmo Jellinek, nas suas últimas obras, passa a ver que o Direito não é apenas a expressão da vontade do Estado, pois há outros ordenamentos jurídicos, como as convenções coletivas do trabalho[20]. Isso mostra a ruptura da rigidez da

---

13. *Apud* Cathrein, Victor. *Filosofía del derecho.* Madrid: Reus, 1958, p. 113.
14. JELLINEK, Georg. *L'État moderne et son droit.* Paris: 1913, II, p. 134.
15. JELLINEK, Georg. *L'État moderne et son droit,* cit., p. 136.
16. JELLINEK, Georg. *L'État moderne et son droit,* cit., p. 129.
17. JELLINEK, Georg. *Dottrina generale dello stato.* Milano, 1921, p. 605-606.
18. JELLINEK, Georg. *L'État moderne et son droit,* cit., p. 126.
19. JELLINEK, Georg. *Dottrina generale dello stato,* cit., p. 655.
20. JELLINEK, Georg. *La revision et les transformations des Constitutions.* Paris, 1906, p. 20.

teoria monista. O Direito é formado em círculos menores para chegar a esferas sociais maiores.

Para o referido autor, o Direito é dividido em o que é elaborado pelo Estado e o que é por ele permitido.

A corrente de Jellinek é considerada moderada no estatismo germânico.

5.2.10 Jean Dabin

Jean Dabin defendia enfaticamente o monopólio do Estado para editar normas jurídicas. Afirma que "se a regra jurídica emana e não pode deixar de emanar da autoridade pública, é necessário excluir da categoria do direito positivo as regras obrigatórias, derivadas da vontade dos particulares, no uso da liberdade de regulamentação, que lhes pode haver sido atribuída pelo próprio direito positivo (...). Não há lugar para se distinguir, a esse respeito, entre a regra contratual – no plano das relações estritamente individuais – e a regra corporativa no plano das relações coletivas"[21].

5.2.11 Hans Kelsen

A tese do monismo jurídico absoluto é encontrada em Hans Kelsen. Este assevera que "todo direito objetivo é a vontade do Estado". "É a expressão dessa vontade."

"Não há direito, senão aquele que está ligado ao sistema de coerção instituído pelo Estado.

Todas as fontes de direito se reduzem à lei, isto é, à vontade do Estado: o próprio 'costume' tem sua força obrigatória decorrente da lei. Todo direito é direito estatal"[22].

Só existe a validez objetiva da norma jurídica, dotada de uma sanção estatal. Direito e Estado se identificam.

Todo o Estado é o Direito (Direito Positivo). O Direito é o Estado. Todo Estado é Estado de Direito[23]. O Direito é apenas o emanado ou o permitido pelo Estado. Entende que a expressão *Estado de Direito* representa pleonasmo[24].

O ordenamento jurídico forma uma verdadeira unidade, que encontra sua validez na constituição estatal. Há uma série de ordenamentos subordinados a uma hierarquia de graus sucessivos (*Stufenbau der Rechtsordnung*).

---

21. DABIN, Jean. *La philosophie de l'ordre juridique positif*. Paris: Sirey, 1929, p. 40-41.
22. KELSEN, Hans. *Problemas fundamentais de direito público*, 1911, p. 40 e s.
23. KELSEN, Hans. *Teoria pura do direito*, São Paulo: Martins Fontes, 1997, p. 346.
24. KELSEN, Hans. *Teoria pura do direito*, cit., p. 346.

O fundamento de validade dessa unidade é a norma fundamental (*Grundnorm*). Esta "é a fonte comum da validade de todas as normas pertencentes a uma e mesma ordem normativa, o seu fundamento de validade comum. O fato de uma norma pertencer a uma determinada ordem normativa baseia-se em que o seu último fundamento de validade é a norma fundamental desta ordem. É a norma fundamental que constitui a unidade de uma pluralidade de normas enquanto representa o fundamento de validade de todas as normas pertencentes a essa ordem normativa"[25].

O Estado é realmente Estado de Direito, pois do contrário não seria possível regular a vida humana em sociedade, o que é feito pelo Direito, por intermédio do Estado. São estabelecidas as regras de conduta pelo Estado, as regras de Direito. O aparato estatal compele o povo a obedecer às normas estatais, por meio da sanção.

A identidade do Estado e do direito permite considerar o Estado essencialmente como a ordem jurídica politicamente centralizada[26].

Miguel Reale leciona que o importante não é a coação, mas sim a coercibilidade, a possibilidade de proteção por parte de uma autoridade constituída, quer estatal, quer corporativa[27]. A coercibilidade é de direito e não de fato. Os próprios grupos, por exemplo, podem estabelecer sanções pelo descumprimento da norma, como multa. É, porém, o Estado o centro geométrico de toda a positividade[28]. O Estado é o polo de convergência da positividade jurídica. Não cria o Direito, mas lhe dá plenitude[29].

Kelsen entende que o Direito nasce do Estado, mas, na verdade, existem outras fontes de Direito, que podem ser reconhecidas pelo Estado, no seu ordenamento piramidal, como ocorre com as convenções coletivas de trabalho, que é uma norma não estatal.

Tem também o Estado uma realidade social, mas Kelsen o vê apenas como abstração, sendo que o Direito seria apenas a norma.

5.2.12 Francis Wilson

Francis Wilson entende que o Estado monista é o Estado de Direito, o *Rechtsstaat*. "O Estado alcança a sua unidade jurídica por exercer o monopólio do poder de dizer o que é o direito." Qualquer outro grupo não poderia editar normas jurídicas.

---

25. KELSEN, Hans. *Teoria pura do direito*, cit., p. 217.
26. KELSEN, Hans. *Teoria pura do direito*. Coimbra: Armênio Amado, 1979, p. 385.
27. REALE, Miguel. *Teoria do direito e do estado*. 4. ed. São Paulo: Saraiva, 1984, p. 262.
28. REALE, Miguel. *Teoria do direito e do estado*, cit., p. 309, nota 21.
29. REALE, Miguel. *Teoria do direito e do estado*, cit., p. 315.

"A soberania é a peculiar capacidade que o Estado detém para reconhecer o que deverá ser o direito"[30].

5.2.13 Georges Burdeau

Georges Burdeau ensina que o Direito é essencialmente um só. Nenhum direito pode-se afirmar a não ser como positivo, pois visa à realização de uma ordem social da qual é inseparável.

A opção por uma sociedade pluralista é o acolhimento de uma sociedade conflitiva, de interesses contraditórios e antinômicos. O problema do pluralismo é a construção do equilíbrio entre as tensões múltiplas e por vezes contraditórias, em conciliar a sociabilidade e o particularismo, em administrar os antagonismos e evitar divisões irredutíveis. O papel do poder político é "satisfazer pela edição de medidas adequadas o pluralismo social, contendo seu efeito dissolvente pela unidade de fundamento da ordem jurídica"[31].

O pluralismo analisa-se como uma rivalidade de forças entre os grupos e o Estado[32].

5.2.14 Alessandro Gropalli

Gropalli também entende que fora do Estado não pode haver Direito. Normas não emitidas pelo Estado são meras normas de caráter social e somente podem ser consideradas jurídicas quando reconhecidas ou admitidas pelo Estado. As normas emitidas pelos grupos, se forem contrárias às estatais, são eliminadas. Normas oriundas de outras pessoas que não o Estado não são autênticas, nem verdadeiras normas jurídicas. O Direito Internacional não tem a característica coercitiva, como a do Estado.

5.2.15 Mario A. Cattaneo

Para Mario A. Cattaneo, positivismo jurídico deriva de "direito positivo", que se identifica com o direito de legislar, com a concepção estatal do Direito, que considera jurídica apenas as normas impostas pela vontade do Estado[33].

---

30. WILSON, Francis. A relativistic view of sovereignty. *Political Science Quarterly*, v. 49, p. 389, 1934.
31. BURDEAU, Georges. *Traité de science politique*. 2. ed. Paris: LGDJ, 1977, t. VII, p. 560 e 562, t. I, p. 185.
32. BURDEAU, Georges. *Droit constitutionnel et institutions politiques*. Paris: Librairie Générale de Droit et de Jurisprudence, 1972, p. 181.
33. CATTANEO, Mario A. *Positivismo giuridico*. Novissimo Digesto Italiano. Torino: UTET, 1966, XIII, p. 315-322.

5.3 CONCLUSÃO

No monismo há uma identidade entre o Estado e o Direito. O Estado é a personificação do Direito. É quem cria o Direito.

Mostra o monismo que não havia limites para o Estado, que não os da sua própria vontade.

Coker sintetiza o monismo da seguinte forma: "1 – numa sociedade determinada há somente um único sistema para ordenar e fazer cumprir os direitos individuais; 2 – o nome usual dado à organização que compreende essas instituições é Estado; 3 – dentro de uma organização como essa existe um soberano jurídico, um órgão ou um grupo que detém o controle jurídico supremo sobre os demais órgãos do Estado; 4 – o Estado tem utilidade prática e moral como agência de unificação e coordenação dos grupos em cooperação na sociedade"[34].

Ehrlich resume o estatismo da seguinte forma: "a concepção estatista do direito nada mais é do que o produto da hipertrofia e absolutismo do Estado"[35].

No monismo absoluto, Estado é igual a Direito (Estado = Direito). No estatismo geral, o Estado cria o Direito. No estatismo parcial, o Estado é o único que produz o Direito Positivo.

O monismo não admite um direito concorrente, pois poderia quebrar o monopólio de produção jurídica por parte do Estado.

Na verdade, há outras fontes de direito que não apenas a lei, como o contrato de trabalho, as convenções coletivas, os regulamentos de empresa.

As organizações também produzem normas de conduta.

O costume não tem sua força obrigatória na lei, mas no reconhecimento jurídico de certa prática, que pode levar à edição de lei sobre o assunto.

O monismo não implica, porém, negação da liberdade. Na própria Revolução Francesa pregava-se a ideia da liberdade, porém uma liberdade de acordo com as determinações do Estado, dentro da lei. O art. 6º do Código Civil de Napoleão afirma que os interessados podem dispor de sua vontade livremente, desde que não atentem contra a ordem pública. A ordem pública estaria, então, acima da vontade dos interessados.

---

34. COKER, F. W. The technique of the pluralistic state. *The American Political Science Review*, v. 15, p. 211, 1921.
35. EHRLICH, Eugen. *Livre investigação do direito e ciência do direito livre*, p. 29.

6
PLURALISTAS

6.1 INTRODUÇÃO

Serão indicados a seguir alguns autores ou ideias que preconizam o pluralismo, sendo destacados os aspectos mais relevantes.

6.2 IDEIAS

6.2.1 Grotius

Huig Van der Groot era conhecido por Grotius. Foi fundador da escola clássica de direito natural, embora fosse um historiador holandês.

O fundamento do Direito estaria na própria razão humana.

Classifica o Direito em categorias: a) *ius latius patens*: o direito elaborado pela comunidade internacional; b) *ius civile*: o direito criado pelo Estado; c) *ius arctius*: o direito proveniente dos grupos menores.

Divide o *ius arctius* em: a) *ius rectorium*, que diz respeito às relações entre pais e filhos, patrões e servos, administradores e administrados; b) *ius equatorium*, que são as relações na família e as conjugais, as associações fraternais e voluntárias.

O Direito é circundado por ordens jurídicas autônomas.

Reconhecia uma pluralidade de ordens equivalentes: a sociedade internacional, a Igreja, o Estado, os grupos particulares.

6.2.2 Leibniz

Gottfried Wilhelm Leibniz preconizava o antiestadualismo empírico. Entendia que o Direito também era elaborado pela Igreja e outros grupos, como as guildas, as caixas de seguros, as congregações, as economias domésticas, os conventos, as aldeias, as cidades, as regiões. Cada grupo tem o seu próprio *ius societas sive angruentium*. Há um direito autônomo de integração do conjunto, que é dividido em tantas espécies quantos são os grupos sociais. O Direito é elaborado pelo grupo, que varia com ele.

6.2.3 Johannes Messner

Johannes Messner via o pluralismo do Direito dentro de uma concepção jusnaturalista. Uma parte do Direito corresponde à ordem dos fins que estão traçados na realidade essencial da natureza humana. A ordem jurídica é uma pluralidade de formas de direitos igualmente originários, em que uma forma não pode ser reduzida a outra. Os direitos autônomos de cada uma das comunidades encontram seus limites na ordem total. O essencial não é o direito ter sua procedência do Estado, pois há um direito próprio nos grupos sociais, sindicatos, associações, clubes e outros.

6.2.4 Krause

Karl Krause entende que as associações não se subordinam ao Estado. Os grupos podem ser classificados da seguinte forma: sociedades globais (nação e sociedade internacional), grupos básicos (família, união de amigos, aldeia ou municipalidade) e grupos para fins especializados (associações econômicas, igrejas, estados, associações pedagógicas etc.). Cada grupo cria o seu próprio direito, sendo que cada coletividade tem um fim particular, possuindo um direito próprio.

6.2.5 Paul Scholten

Paul Scholten menciona que uma parte das relações sociais depende de um Direito extraestadual, que é oriundo dos grupos nascidos espontaneamente entre os interessados. As convenções coletivas, os regulamentos de organizações operárias, fazem concorrência ao direito do Estado. As organizações de patrões e empregados elaboram leis profissionais. O direito operário tem o seu lugar no direito estadual, mas as convenções coletivas, os regulamentos de organizações operárias, fazem-lhe concorrência crescente.

6.2.6 Eugen Ehrlich

Eugen Ehrlich é um dos fundadores da moderna Sociologia Jurídica, preconizando também a teoria do direito livre.

Encontra-se na sociedade, e não no Estado, o centro de gravidade da vida jurídica.

A maior parte do Direito nunca é levada aos tribunais, desenvolvendo-se independentemente da vontade do Estado. O direito extraestatal ou o direito social é o fundamento de toda a vida jurídica.

6.2.7 Léon Duguit

Leciona Léon Duguit que o Estado tem uma concepção funcional, coordenando as atividades segundo as exigências da solidariedade[1].

A noção da regra de Direito implica a existência do Estado, porque somente o Estado pode conferir-lhe o caráter imperativo, que é seu caráter essencial. Só o Estado pode impor a coerção, que é a condição indispensável da existência do Direito[2].

A concepção de Direito é completamente independente da noção de Estado[3].

Não está o Estado colocado acima dos indivíduos. É um órgão dotado de força e que deve agir de acordo com as exigências da solidariedade social. Duguit, portanto, defende uma posição realista ou objetivista.

Tem o Estado apenas a função de constatar e formular o direito objetivo. Essa função não lhe é privativa.

O Estado não cria o Direito, porque essa é uma função social, uma competência inerente à própria sociedade; edita apenas regras construtivas, necessárias à garantia das verdadeiras regras de direito que se formam espontaneamente na sociedade.

Sua teoria não fala exatamente em pluralismo, mas é incompatível com a exclusividade do sistema legal do Estado. Duguit professava a teoria antiestatal.

Outros organismos sociais, além do Estado, podem formular o Direito. A vida jurídica e a vida estatal são duas faces autônomas da vida social[4].

Entende Duguit que os sindicatos profissionais são meio de realização das regras de Direito.

Há a formação automática e espontânea do Direito como expressão da solidariedade social. Admite, portanto, indiretamente, a pluralidade de fontes do Direito Positivo.

O contrato cria a situação de Direito, porque a relação entre dois sujeitos é um encontro de vontades. Toda situação jurídica só pode nascer de uma relação entre duas vontades, que é o contrato.

---

1. DUGUIT, Léon. *Manuel de droit constitutionnel*. 3. ed. Paris: Boccard, 1928, v. 1, p. 49 e s.
2. DUGUIT, Léon. *Traité de droit constitutionnel*, cit., v. 1, p. 100.
3. DUGUIT, Léon. *Traité de droit constitutionnel*, cit., p. 36.
4. DUGUIT, Léon. *Traité de droit constitutionnel*, cit., p. 102.

O concurso de vontades produz três modalidades de atos: a) o contrato; b) o ato coletivo; c) a união. No contrato, as vontades se encontram e se harmonizam. No ato coletivo, as vontades dirigem-se para o mesmo fim, caminhando paralelamente. Na união, há um acordo, mas não são produzidas obrigações, porém são criadas regras. O ato-união seria um conjunto de vontades, espécie de atos plurilaterais, que criam uma regra objetiva, vigente para o grupo.

Classificou Duguit os atos jurídicos em três categorias, de acordo com as modificações que eles produzem na ordem jurídica: a) ato-regra; b) ato-condição, que implica a aplicação da lei existente, como ocorreria na nomeação de um funcionário público, no casamento; c) ato subjetivo, que decorre de situações especiais momentâneas, que concernem às partes interessadas, como no contrato ou no quase contrato[5].

O ato-regra estabelece uma norma, modificando a ordem jurídica, criando novas regras para substituir as anteriores. Não cria uma situação jurídica subjetiva como o contrato, que é, por excelência, o ato subjetivo. A convenção coletiva seria, em sua formação, uma união e, em seus efeitos, um ato-regra. Depreende-se de suas afirmações que a convenção coletiva não teria natureza contratual, embora seja um ajuste de vontades. Seria, para Duguit, um ato plurilateral.

À medida que os sindicatos forem integrando-se ao Estado, este irá perdendo os poderes ou atribuições (legislativas ou políticas) em benefício das associações profissionais, chegando-se a um novo tipo de Estado, a uma "administração dos interesses públicos de forma essencialmente descentralizada"[6]. A regra de direito forma-se por si.

As relações entre os grupos, que ocupam posição antagônica no processo de produção social, são, hoje, reguladas, em regra, por intermédio de convenções coletivas. Esses instrumentos são um dos mais ativos e importantes processos de constatação do Direito.

Duguit usa como sinônimas as palavras *governo* e *Estado*[7], que têm, na verdade, significados distintos[8].

Mostrou Duguit que o contrato e a lei não são as únicas formas de manifestação da vontade no mundo jurídico, havendo outras formas de exteriorização.

---

5. DUGUIT, Léon. *Leçons de droit public général*. Paris: Boccard, 1926, p. 76-81.
6. DUGUIT, Léon. *Le droit social, et le droit individuel et la transformation de l'état*, p. 154.
7. DUGUIT, Léon. *Manuel de droit constitutionnel*, cit., p. 31.
8. Estado "é a sociedade humana juridicamente organizada, dentro de um território, com um governo, para a realização de determinado fim" (MORAES, Bernardo Ribeiro de. *Compêndio de direito tributário*. Rio de Janeiro: Forense, 1984, p. 116). Governo é a organização necessária para o exercício do poder político (SALVETTI NETO, Pedro. *Curso de teoria do estado*. 4. ed. São Paulo: Saraiva, 1981, p. 55 e 273).

Sua doutrina serve como ponto de partida para que possam ser desenvolvidas as teorias pluralistas.

6.2.8 Georges Gurvitch

Georges Gurvitch sustenta a teoria da estrutura organizada hierárquica entre as diversas fontes de produção jurídica. Via o pluralismo das fontes sociais do Direito.

Vários seriam os centros de produção de Direito, oriundos dos grupos, como sindicatos, cooperativas, igrejas, sociedades de nações e outras.

O Direito surge onde quer que se constitua uma autoridade qualificada, isto é, tendo uma fonte primária e material, um fato normativo. O Estado não esgota o Direito, que existe na sociedade. O Estado o constata, mas não em sua totalidade.

Todo grupamento tende, espontaneamente, a elaborar um direito próprio. É um direito autônomo, que se desenvolve à margem da ordem jurídica estatal, tanto no plano interno, como no internacional. É um direito de integração, enquanto o direito do Estado é, na sua maior parte, de subordinação.

Era Gurvitch antiestatista, desenvolvendo a sociologia jurídica.

O Direito Social, segundo ele, é o direito dos grupos da estrutura comunitária. O Direito Social é puro quando preenche a função de integrar os membros em um todo, sem recorrer a uma sanção incondicionada[9]. O Direito Social condensado é o direito de integração do Estado, dispondo de sanção incondicionada. É incorporado pelo Estado o Direito Social anexado, em razão de que o grupo que o elaborou foi atraído pela órbita estadual. Tem autonomia, mas perde independência, pois o Estado incorpora-o ao seu patrimônio legislativo.

Envolvem os Direitos Sociais a proteção jurídica dos elementos fracos na sociedade e pretendem realizar múltiplos aspectos da justiça social[10].

Prima o Direito Social sobre o estatal e sobre todas as formas de Direito organizado, em que há a convivência de normas de origem estatal com normas elaboradas pelos próprios interessados.

Menciona que a situação atual do Direito do Trabalho é caracterizada pelo papel crescente do direito extraestatal e não oficial que emana dos grupos espontâneos de interessados e os seus acordos, como ocorre com a organização corporativa espontânea e com as convenções coletivas de trabalho.

---
9. GURVITCH, Georges. *L'idée du droit social*. Paris: Sirey, 1932, p. 53.
10. GURVITCH, Georges. *La déclaration des droits sociaux*. Paris: J. Vrin, 1946, p. 66 e 77-78.

Há um crescimento impressionante das convenções coletivas de trabalho, que "comportam verdadeiras cartas constitucionais para todo um ramo de indústria".

O reconhecimento dessas convenções representa fonte de um novo direito objetivo.

Ora afirma que "o direito sindical, a convenção coletiva de trabalho são direito social submetido à tutela do Estado"[11]. Mais adiante sustenta que "é um direito social completamente independente"[12]. Seria um direito equivalente ao estatal, mas subordinado ao Direito do Estado.

Preconiza uma organização jurídico-política pluralista regida pelo contrato coletivo de trabalho e o estatuto autônomo da empresa[13].

Esquece, porém, Gurvitch, da existência de hierarquia entre as instituições e nos ordenamentos jurídicos.

6.2.9 Gustav Radbruch

Gustav Radbruch entende que o Direito Social é o produto de uma moral coletivizada cuja ideia central "não é a ideia da igualdade das pessoas, mas de nivelamento das desigualdades que entre elas existem, a igualdade deixa de ser, assim, ponto de partida do Direito, para converter-se em meta ou aspiração da ordem jurídica"[14].

Cesarino Júnior, por exemplo, vê o Direito Social destinado a proteger o hipossuficiente[15].

6.2.10 Otto von Gierke

Otto von Gierke defende a tese da socialidade do Direito, pois assevera que o Direito das entidades corporativas é irredutível ao Direito do Estado, evidenciando o pluralismo jurídico.

Assevera Gierke que "toda comunidade orgânica é capaz de produzir Direito". O Direito surge concomitantemente com toda forma de organização, seja por meio do Estado ou de uma corporação[16]. Não havia monopólio do Estado na criação do Direito.

O Estado tem soberania, mas não cria as pessoas jurídicas individuais e coletivas, nem as personalidades corporativas, apenas as reconhece.

---

11. GurVitch, Georges. L'idée du droit social, cit., p. 37.
12. GurVitch, Georges. L'idée du droit social, cit., p. 59.
13. GURVITCH, Georges Le temps présent et l'idée du droit social. Paris: J. Vrin, 1931; L'idée du droit social, cit.
14. RADBRUCH, Gustav. Introducción a la filosofía del derecho. México, 1955, p. 54.
15. CESARINO JÚNIOR, Antonio Ferreira. 6. ed. Direito social. São Paulo: Saraiva, 1970, v. 1, p. 30.
16. GIERKE, Otto von. Les theories politiques du moyer âge. Paris: 1914, p. 31.

O poder é a condição racional do Estado, pois o Estado sem poder não é Estado. Este não é a fonte última e exclusiva do Direito, em função de que cada organismo social pode formular Direito.

A capacidade de querer e de agir da coletividade, como a do indivíduo, é uma capacidade jurídica, mas não é criada pelo Direito. O Direito já a encontra formada, reconhecendo-a e delimitando sua atividade.

Há uma harmonização entre a ordem estatal e a ordem jurídica, que não se confundem.

Ao lado do Estado e do Direito privado surge um direito social criado pelas corporações, caracterizadas pela autonomia.

Considerava o homem como pessoa plenamente individual em suas relações com um corpo social. Esses ordenamentos desapareceram na idade moderna, mas acabaram encontrando um campo novo nas corporações socioeconômicas do século XIX[17].

6.2.11 Maurice Hauriou

Maurice Hauriou defende o institucionalismo. Mostra que as instituições têm uma espécie de "poder legislativo", que estabelecem o seu direito, as normas que disciplinam sua vida interna, os direitos e deveres dos seus membros. As instituições criam a regra de direito[18].

Toda instituição tem o seu direito. Não são as regras de Direito que criam as instituições, mas estas que estabelecem aquelas. A instituição é que dá nascimento à regra de direito, em razão de que a coletividade humana necessita de certa conduta a ser observada pelos homens que a compõem, visando à manutenção das situações nela estabelecidas. As instituições são corporificações sociais de uma ideia diretora.

Admite a pluralidade de fontes de Direito. Cada instituição cria o Direito, mas só Direito disciplinar.

6.2.12 Georges Renard

Georges Renard também é institucionalista. Admite a existência de uma pluralidade de fontes de positividade jurídica, não competindo ao Estado o

---

17. Apud CUEVA, Mario de la. *El nuevo derecho mexicano del trabajo*. México: Porrúa, 1980, t. I, p. 70-71.
18. HAURIOU, Maurice. La théorie de l'institution et la fondation. *Cahiers de La Nouvelle Journée*, n. 4, p. 10, 1925.

monopólio da autoridade. O direito oriundo do Estado e da Igreja representa um sistema jurídico perfeito. Os demais seriam sistemas jurídicos imperfeitos[19].

Os institucionalistas são pluralistas quanto às fontes de positividade jurídica, pois a instituição é fonte de Direito.

O Direito não pode, porém, ser reduzido ao aspecto institucional, pois inexiste organização sem normatividade[20].

6.2.13 Walter Kaskel

Walter Kaskel entende que o direito legislativo é geralmente estatal, mas é somente uma parte do Direito do Trabalho moderno. Não menos importante é o Direito autônomo corporativo, em particular o Direito objetivo estabelecido pelas convenções coletivas de trabalho e convenções de empresas. É um *self government* dos interesses da categoria[21].

6.2.14 Santi Romano

Santi Romano afirma que "qualquer ordenamento social, na medida mesmo em que é ordenamento, é jurídico"[22]. Via o Direito como ordem social antes de ser norma. Traz uma concepção de Direito muito mais jurídica do que sociológica.

Há uma pluralidade de "entes sociais" como outros tantos ordenamentos jurídicos, entre os quais o Estado sobressai apenas como "entidade territorial soberana".

Toda instituição ou organização emite regras jurídicas. Ao lado do Estado existem diversas instituições que desenvolvem normas jurídicas, como a igreja, o estatuto dos jesuítas, os estatutos da máfia e da camorra, as associações de delinquentes ou os agrupamentos revolucionários[23]. Esses ordenamentos jurídicos têm vida autônoma, fora do Estado e até mesmo contra ele. São, portanto, jurídicos os referidos ordenamentos, porque há formas a serem cumpridas.

Uma associação de bandidos não deixa de ser uma instituição, que tem as suas próprias regras, à margem das fixadas pelo Estado.

---

19. RENARD, Georges. *La philosophie de l'institution*. Paris: 1939, p. 250 e 262.
20. BOBBIO, Norberto. *Teoria della norma giuridica*. Torino: Giappichelli, 1958, p. 17-23.
21. KASKEL, Walter. *Arbeitsrecht*, 1928. 3. ed. Apud GURVITCH, Georges. *Le temps present et l'idée du droit social*. Paris: J. Vrin, 1931, p. 15.
22. ROMANO, Santi. *L'ordinamento giuridico*: studi sul concetto, le fonti e i cartteri del diritto. Pisa: 1918, p. 28-34.
23. ROMANO, Santi. *L'ordinamento giuridico*, cit., p. 29.

Entende que não há diferença de juridicidade entre os diversos ordenamentos jurídicos.

Nem todas as instituições são, porém, autônomas. O exemplo seria o dos Estados-membros dentro da Federação.

Admite a socialidade do direito, em contraposição à estatalidade[24].

Defende a pluralidade dos ordenamentos jurídicos. "O Estado não é senão uma espécie do gênero Direito"[25].

O ordenamento jurídico constitui um sistema. Seus componentes apoiam-se uns nos outros, atuando coordenados entre si. Há uma pressuposição de uns em relação a outros, que não existem isoladamente, conjugando-se numa unidade. A constituição é a estrutura que sustenta essa unidade[26].

Para que a norma jurídica tenha um significado preciso deve estar integrada num ordenamento. Sem este não é concebível a ideia de Direito.

O Direito é instituição, entendida esta como a sociedade ordenada e organizada[27].

O Estado é, na verdade, uma instituição entre várias, um ordenamento entre muitos ordenamentos.

A instituição constitui o fundamento da eficácia e da garantia das normas jurídicas.

O pluralismo de Santi Romano acaba sendo um reflexo da autonomia dos grupos, sendo uma autonomia derivada, que é exercida nos limites das leis imperativas do Estado.

É possível dizer com base em Santi Romano que todo ordenamento social é jurídico e todo ordenamento jurídico é social.

Ao se falar, porém, em ordenamento, implica a existência da norma, que está inserida no seu contexto.

6.2.15 Haroldo Laski

Haroldo Laski defende o pluralismo no sentido de conciliar o federalismo funcional e os direitos do indivíduo.

---

24. ROMANO, Santi. L'ordinamento giuridico, cit., p. 111-114.
25. ROMANO, Santi. L'ordinamento giuridico, cit., p. 100.
26. ROMANO, Santi. Principii di diritto costituzionale generale. 2. ed. Milano: Dott A. Giuffrè, 1947, p. 97.
27. ROMANO, Santi. L'ordinamento giuridico. Firenze: Sansoni, 1951, p. 25-27.

No Estado fica centralizada a vontade política, porém a atividade do indivíduo multiplica-se.

O Estado protege os interesses dos homens como cidadãos, mas não nas minúcias dos seus esforços produtivos, estabelecendo apenas regras gerais.

6.2.16 Gerhard Husserl

Gerhard Husserl afirma que "reduzir todas as fontes do direito ao Estado é um erro. Nenhum Estado poderá jamais absorver todas as fontes de direito. Um monopólio do Estado para engendrar e constatar o direito numa comunidade jurídica é absolutamente irrealizável. A criação autônoma do direito se afirma sempre"[28].

6.2.17 Pluralismo corporativista

Corporativismo é a organização das forças econômicas em torno do Estado, com o fito de promover o interesse nacional e contando com o poder de impor regras a todos os seus membros[29]. Os corpos intermediários são incentivados, porém são sujeitos ao estrito controle do Estado.

O pluralismo corporativista reconhece em cada corporação uma fonte autônoma de Direito, atribuindo-lhe soberania, um poder próprio e originário, que não é derivado do Estado. Entre os autores que assim pensam está Walter Heinrich[30]. O Direito do Estado é o Direito das corporações, que exercem função de interesse público. O Estado não pode delegar a particulares certas funções que lhe são essenciais, como a defesa do território, a segurança, a jurisdição. As corporações são dotadas de vida própria e de um poder soberano próprio. Acabam exercendo um poder, embora derivado do Estado e não originário.

No corporativismo pluralista, existe uma pluralidade de normas, não por delegação de poderes, mas por uma organização autônoma das forças sociais, que são agrupadas nas corporações[31].

Afirma Mihail Manoïlesco que todas as corporações são fontes de direito e de soberania. Esse direito é um direito público[32]. Na verdade, as corporações não têm soberania, que é inerente apenas ao Estado, mas autonomia, do poder de emitir normas próprias, dentro daquelas emanadas pelo Estado, porém por ele reconhecidas.

---

28. HUSSERL, Gerhard. *Validade e eficiência do Direito*, 1925, p. 23.
29. MANOÏLESCO, Mihail. *Le siècle du corporativisme*. Paris: Félix Alcan, 1936, p. 167.
30. HEINRICH, Walter. *Staat und Wirtschaft*. Berlin, 1931.
31. MANOÏLESCO, Mihail. *O século do corporativismo*. Rio de Janeiro: José Olympio, 1938, p. 161.
32. MANOÏLESCO, Mihail. *Le siècle du corporativisme*, cit., p. 86.

Mihail Manoïlesco afirma que a corporação é "uma organização coletiva e pública, composta pela totalidade de pessoas (físicas ou jurídicas) que desempenham em conjunto a mesma função nacional, e tendo por objetivo assegurar o exercício desta no interesse supremo da nação, por meio de regas de direito impostas aos seus membros"[33].

Cada corporação seria um Estado em miniatura, tendo o seu próprio direito. Cada corporação é considerada um centro autônomo de produção do direito, com soberania não derivada do Estado[34].

Distingue-se, porém, o corporativismo do liberalismo. O primeiro apresenta-se como organização dos grupos econômicos e profissionais, enquanto o liberalismo pressupõe que o bem comum se realize automaticamente, pela atuação dos indivíduos, perseguindo os próprios interesses. O corporativismo tem função coordenadora e diretiva do Estado, ao contrário do liberalismo, que o quer abstencionista. Atribui o corporativismo aos grupos profissionais o poder de impor regras aos membros respectivos, ao passo que o liberalismo nem sequer admite a existência deles[35].

No sistema corporativista italiano, o sindicato não tinha autonomia, pois era um órgão do Estado sem autonomia e personalidade jurídica.

Certas funções do Estado não podem ser, porém, delegadas, como a defesa do território, a segurança pública e outras. Isso mostra que as corporações não têm soberania, mas autonomia, podendo emitir normas próprias, pois a soberania é inerente ao Estado.

6.2.18 Pluralismo socialista

Proudhon é o pai do pluralismo socialista, pretendendo demolir a tradicional relação entre sociedade e Estado. Ele afirma que contra a sociedade organizada pelo poder do Estado há a multiplicidade de agrupamentos sociais, nos quais o indivíduo participa, segundo suas capacidades e necessidades, unidas por um vínculo federal.

6.2.19 Giorgio Del Vecchio

Giorgio Del Vecchio admite que "toda sociedade tende a criar e desenvolver um direito próprio, o qual é, de ordinário, conforme ao estatal, mas pode igualmente representar um desvio ou contraste em confronto com este"[36].

---

33. MANOÏLESCO, Mihail. *O século do corporativismo*, cit., p. 126.
34. MANOÏLESCO, Mihail. *O século do corporativismo*, cit., p. 126.
35. MAGANO, Octavio Bueno. Liberalismo, corporativismo, pluralismo e neocorporativismo. *Revista da Faculdade de Direito da USP*, v. LXXVIII, p. 54, jan./dez. 1982.
36. DEL VECCHIO, Giorgio. *Teoria do estado*. São Paulo: Saraiva, 1957, p. 114.

O Estado não é a única fonte de produção do Direito, que surge também da consciência dos indivíduos, das associações. É apenas um centro de referência.

Não é obrigado o Estado a reconhecer as associações sindicais, desde que não lesem os princípios fundamentais da constituição política e os direitos individuais[37].

Tende o Estado a concentrar em si a atividade normativa, de maneira que forme um sistema coerente e orgânico das determinações jurídicas, individuais e sociais, que são produzidas em seu seio[38].

Toda sociedade tende a produzir um direito próprio, como as organizações formadas dentro de cada Estado, mas independentes dele e, às vezes, contrárias a ele, e outras, ainda, que transcendem os limites do Estado[39].

Podem existir tantos centros de determinações jurídicas quantos sejam os círculos sociais.

As organizações possuem uma ordem própria, pois sem essas regras não seriam sociedades, mas o caos[40].

Não deve o Estado reprimir as associações, mas reconhecê-las e estimulá-las, salvo aquelas que tenham um direto antagonista com a ordem jurídica[41].

O Estado é o sistema ou o ordenamento jurídico dotado de grau relativamente mais alto de positividade.

A positividade é a maior ou menor eficácia de uma norma ou conjunto de normas em determinado momento, dependendo de fatos psicológicos e físicos.

Os ordenamentos inferiores são parte do ordenamento estatal, pois não regulam as condutas das pessoas, mas apenas algumas de suas manifestações[42].

Distancia-se Del Vecchio de Kelsen quando, ao se referir a Direito Positivo, admite outras esferas de positividade jurídica. Rejeita o primado do Direito Internacional, atribuindo ao ordenamento jurídico estatal uma competência originária.

6.3 CONCLUSÃO

Pode-se dizer que, na verdade, há tantas formas de pluralismo quantos são os seus autores, pois cada autor indica a sua.

---

37. DEL VECCHIO, Giorgio. *Teoria do estado*, cit., p. 115.
38. DEL VECCHIO, Giorgio. *Teoria do estado*, cit., p. 117.
39. DEL VECCHIO, Giorgio. *Teoria do estado*, cit., p. 126.
40. DEL VECCHIO, Giorgio. *Teoria do estado*, cit., p. 235.
41. DEL VECCHIO, Giorgio. *Teoria do estado*, cit., p. 127-128.
42. DEL VECCHIO, Giorgio. *Teoria do estado*, cit., p. 233.

Há, porém, um ponto de convergência no sentido de que o Estado não é a fonte única e exclusiva de produção do Direito e que os sistemas jurídicos têm uma hierarquia, que parte da Constituição.

O ordenamento jurídico não se confunde, porém, com suas normas. Estas são parte do ordenamento jurídico, espécies dentro do gênero ordenamento jurídico.

Existe positividade tanto no Estado como fora dele, desde que haja uma norma estabelecendo regra de conduta.

O Direito estatal tem a característica da generalidade e de ser observado *erga omnes*, enquanto o Direito extraestatal é específico, sendo aplicado a algumas pessoas e não a toda a nação indistintamente.

Há uma convergência da positividade para o Estado, bem como uma gradação de normas no Direito Positivo. É no Estado que o Direito acaba tendo sua plenitude.

Existe a supremacia do ordenamento estatal sobre outros ordenamentos, tanto que no Direito do Trabalho o ordenamento estatal reconhece as convenções e os acordos coletivos (art. 7º, XXVI, da Constituição). Se o ordenamento jurídico estatal não reconhecesse as convenções e os acordos coletivos, estes não teriam validade.

O Estado não abdica da sua soberania reconhecendo a pluralidade de normas de Direito. A unidade do ordenamento é verificada com base nos processos de integração dos ordenamentos infraestatais. Miguel Reale denomina esse processo de "graduação da positividade jurídica"[43]. O círculo maior é fonte de validade jurídica do círculo menor. Em outros casos, o ordenamento extraestatal é reconhecido ou tolerado pelo Estado.

No Estado Moderno, há necessidade de se estabelecer um equilíbrio entre as diferentes forças pluralistas que são encontradas na sociedade[44], visando garantir o desenvolvimento da última.

---

43. REALE, Miguel. *Teoria do direito e do estado*. São Paulo: Saraiva, 1940, p. 273.
44. LOEWENSTEIN, Karl. *Teoría de la Constitución*. 2. ed. Ariel Derecho, 1986, p. 627.

7
PLURALISMO

O Estado pluralista democrático é o tipo de Estado cujo ordenamento jurídico resulta de um complexo de relações entre as partes e o todo e vice-versa, num sistema unitário que atenda, ao mesmo tempo, ao que há de específico e próprio nos indivíduos e nas associações, assim como aos valores reconhecidos de uma comunidade concreta[1]. A democracia implica pluralidade de soluções políticas e jurídicas.

A família precedeu o Estado e tinha as suas regras de conduta. Os órgãos que têm assembleias acabam estabelecendo normas que devem ser cumpridas pelos membros daquela coletividade. Nos contratos, as partes estabelecem regras de conduta. Não é, portanto, apenas o Estado que emite normas jurídicas.

Miguel Reale ensina que o Estado pluralista é o que reconhece o sentido objetivo e em si válido do processo histórico como tal, preservando a posição autônoma e crítica dos indivíduos em relação ao todo. A irrenunciabilidade à liberdade originária assegura continuidade e autenticidade ao Direito que se objetiva mediante o poder estatal[2].

Não é necessário que o Direito seja estatal para ser reconhecida sua entidade jurídica[3].

Sintetiza Octavio Bueno Magano que, "do ponto de vista político, o que se realça é a existência de um sistema em que as decisões provêm da interação e da competição de uma multiplicidade de grupos, representando interesses sociais diversos, cabendo ao Estado a função de mero árbitro na solução dos interesses conflitantes. À luz do pluralismo, a sociedade civil se concebe como um conjunto de entes individuais e coletivos, em permanente atividade, na busca de interesses que lhes são próprios, e o Estado, como o ente ao qual incumbe harmonizar os conflitos surgidos da mesma atividade. Há de acentuar-se ainda que a quantidade de grupos participantes das decisões adotadas, no âmbito de cada sistema, é potencialmente ilimitada, o que quer dizer que os grupos são tantos quantos sejam os

---

1. REALE, Miguel. *Pluralismo e liberdade*. São Paulo: Saraiva, 1963, p. 232-233.
2. REALE, Miguel. *Pluralismo e liberdade*, cit., p. 234.
3. LEGAZ Y LACAMBRA, Luis. *Filosofía del derecho*. 3. ed. Barcelona: Bosch, 1972, p. 504-505.

interesses justificativos de uma organização. É preciso registrar, finalmente, que, do ponto de vista negativo, o pluralismo significa a valorização do grupo profissional e econômico, como instrumento vertical da limitação do poder estatal"[4].

O pluralismo acaba sendo um contrapeso ao poder incondicionado do Estado, ao qual se deve integrar, em que os grupos tentariam eliminar o poder estatal[5]. "O homem e os grupos devem gozar de um autopoder suficiente para permitir-lhes escapar do Estado que, quando exclusivo, os mutila ou os elimina nas suas livres e naturais expansões"[6]. Entretanto, "o Estado sem Direito é um mero fenômeno de força e o Direito sem Estado é uma simples norma sem efetividade"[7]. Jhering, afirma que "a espada sem a balança é a força bruta; a balança sem a espada é a impotência do Direito. Uma não pode avançar sem a outra, nem haverá ordem jurídica perfeita sem que a energia com que a Justiça aplicar a espada seja igual à habilidade com que manejar a balança"[8]. Hoje, o Estado só interfere nas atividades do grupo quando este passa a criar a desordem e dissociação do próprio bem comum.

O Estado, se quiser, pode ser o único centro a emitir normas jurídicas, quando haverá o monismo jurídico.

Representa o pluralismo jurídico a descentralização do Direito, implicando a multiplicidade de sistemas jurídicos.

Admite ou tolera o Estado a existência de outros centros de produção de normas jurídicas.

Não detém o Estado o monopólio a respeito da coação para o cumprimento da norma, pois outros sistemas também podem ter sanções pelo descumprimento da norma, como ocorre nos grupos, nos sindicatos, quando expulsam determinada pessoa dos seus quadros ou quando impõem multa. São normas distintas das do Estado, porém implicam um sistema sancionatório pelo descumprimento da sua norma.

O pluralismo combate a concentração de todo o poder em torno do Estado. Constitui o pluralismo uma garantia do indivíduo contra o superpoder do Estado.

Deveria o Estado ser abstencionista, limitando a sua ação ao mínimo indispensável à preservação da vida humana em sociedade. O Direito serve para

---

4. MAGANO, Octavio Bueno. Liberalismo, corporativismo, pluralismo e neopluralismo. *Revista da Faculdade de Direito da USP*, v. LXXVIII, p. 57-58, 1983.
5. PAUPÉRIO, A. Machado. *Teoria geral do estado*. 5. ed. Rio de Janeiro: Forense, 1967, p. 309.
6. PAUPÉRIO, A. Machado. *Teoria geral do estado*, cit., p. 308.
7. PAUPÉRIO, A. Machado. *Teoria geral do estado*, cit., p. 161.
8. JHERING, Rudolf von. *A luta pelo direito*. Paris: 1890, p. 2.

regular a vida humana em sociedade. Não é o homem que deve existir para o Estado, mas este que existe para servir ao homem.

No pluralismo não são encontrados apenas elementos do individualismo, pois Rousseau era monista, pregando a liberdade dos indivíduos, dentro das determinações do Estado.

O antiestatismo no seu sentido absoluto deve ser rejeitado, pois deve haver normas estatais para regular a vida humana na sociedade. As normas jurídicas estatais regulam não só o comportamento das pessoas, como também o modo pelo qual devem ser produzidas as regras.

No Direito do Trabalho, o Estado deveria assegurar um direito mínimo e inderrogável, estabelecendo a negociação coletiva os demais direitos.

8
CLASSIFICAÇÃO

8.1 CONSIDERAÇÕES INICIAIS

As fontes formais de Direito, segundo Evaristo de Moraes Filho[1], podem ser heterônomas ou autônomas.

Fontes heterônomas são as que vêm de fora da vontade das partes, sendo emanadas do Estado. Exemplos: as Constituições, as leis, os decretos, as sentenças normativas.

Fontes autônomas são oriundas das próprias partes, como o contrato de trabalho, o regulamento de empresa (quando bilateral), a convenção e o acordo coletivo.

Há três processos de estabelecimento pelo Estado de normas de conduta:
a) legislativo: quando são elaboradas as leis;
b) jurisdicional: quando é prestada a jurisdição, nos casos concretos submetidos ao Poder Judiciário, que irá dizer o direito aplicado à hipótese vertente;
c) executivo: o Poder Executivo não apenas executa, mas também acaba tendo outras atribuições, inclusive normativas.

A Consolidação das Leis do Trabalho (CLT) não é, por exemplo, uma lei, mas um decreto-lei: Decreto-Lei n. 5.452, de 1º de maio de 1943. Foi editada com base no art. 180 da Constituição de 1937, que permitia ao presidente da República expedir decretos-leis sobre todas as matérias da competência legislativa da União, enquanto não se reunisse o Parlamento Nacional.

Dispunha o art. 55 da Emenda Constitucional n. 1, de 1969, que o presidente da República, em casos de urgência ou de interesse público relevante, e desde que não houvesse aumento de despesa, poderia expedir decretos-leis sobre as seguintes matérias: I – segurança nacional; II – finanças públicas, inclusive normas tributárias; III – criação de cargos públicos e fixação de vencimentos.

---
1. MORAES FILHO, Evaristo. *Introdução ao direito do trabalho*. 5. ed. São Paulo: LTr, 1991, p. 138.

Atualmente, em casos de relevância e urgência, há a possibilidade de o presidente da República adotar medidas provisórias, que terão validade por 30 dias e força de lei (art. 62 da Constituição e seu parágrafo único).

O Estado ainda edita os regulamentos das leis (art. 84, IV, da Lei Magna), visando esclarecer o seu conteúdo, que são os chamados decretos ou regulamentos de execução.

São, ainda, emitidas normas internas no âmbito da Administração para o esclarecimento do conteúdo das leis, como instruções normativas, portarias, ordens de serviço, resoluções, circulares.

Na Itália, os decretos-legislativos e os decretos-leis, que são aprovados pelo Conselho de Ministros e emitidos pelo presidente da República, têm força de lei. São, por exemplo, estabelecidas tabelas de doenças profissionais, há a proibição do trabalho de menores e mulheres.

Afirma Manoel Gonçalves Ferreira Filho ser "notório que os Parlamentos não dão conta das necessidades legislativas dos Estados contemporâneos; não conseguem, a tempo e a hora, gerar as leis que os governos reclamam, que os grupos de pressão solicitam. As normas que tradicionalmente pautam o seu trabalho dão – é certo – ensejo a delongas, oportunidades a manobras e retardamentos. Com isso, os projetos se acumulam e atrasam"[2]. Daí a necessidade da edição de outras normas, inclusive para complementar a norma legal.

8.2 MODELOS

Em um sistema pluralista podem ser identificados vários modelos, em que há preponderância de uma norma sobre outra. Três modelos podem ser verificados no Direito do Trabalho, segundo Amauri Mascaro Nascimento: o legislado, o negociado e o misto[3].

8.2.1 Modelo legislado

No modelo legislado, há um dirigismo do Estado, que determina as regras trabalhistas a serem aplicáveis aos trabalhadores e empregadores. Fica a negociação coletiva inibida, porque o Estado tudo prevê. A lei trata de tudo. O Estado é que sabe quais são as condições a proporcionar o bem-estar do trabalhador. Há uma identificação entre o Estado e a sociedade.

---

2. FERREIRA FILHO, Manoel Gonçalves. *Do processo legislativo*. São Paulo: Saraiva, 1968, p. 12.
3. NASCIMENTO, Amauri Mascaro. *Teoria geral do direito do trabalho*. São Paulo: LTr, 1998, p. 28.

É um modelo totalmente tutelado pela vontade do Estado. O interesse nacional coloca-se acima dos interesses dos particulares. A lei estabelece um conteúdo mínimo obrigatório a ser observado no desenvolvimento das relações trabalhistas.

Supre o Estado as deficiências do sindicato na proteção aos trabalhadores.

A greve deve ser contida, em razão das repercussões que pode ter sobre a economia do Estado, sendo um recurso antissocial, nocivo e incompatível com os interesses da produção nacional.

As questões coletivas passam a ser solucionadas por imposição da Justiça do Trabalho.

O modelo em comentário abandona a abstenção do Estado nas relações trabalhistas, para um sistema de intervenção. Isso começa a ocorrer a partir da Revolução Industrial no século XVIII e da Revolução Francesa em 1789. O Estado passa a intervir na ordem econômica e social visando evitar a absorção do homem pelo processo econômico.

Surgem as leis trabalhistas. Passam as normas legais a limitar a jornada de trabalho e estabelecem regras de trabalho para menores e mulheres, que trabalhavam em jornadas excessivas, com salários inferiores aos do homem. Uma das primeiras normas é a Lei de Peel (1819), que disciplina a jornada de trabalho de menores.

A matéria é inserida nas Constituições, como a do México (1917) e a de Weimar (1919).

As características do regime intervencionista são: a) populismo; b) protecionismo das relações de trabalho.

Os sistemas corporativistas adotam um modelo legislado, como a *Carta del Lavoro* (1927), de Mussolini, na Itália. Afirmava Mussolini na época: *Tutto nello Statto, niente contro lo Stato, nulla al di fuori dello Stato*, isto é, tudo no Estado, nada contra o Estado, nada fora do Estado.

A sociedade identifica-se com o Estado. O próprio cidadão está inserido nessa ótica estatal. Assevera Ugo Spirito que "o cidadão responde, perante o Estado, por todos os atos de sua vida, porque o fim desta é o mesmo que o do Estado e, portanto, tudo que dele se diferencie ou a ele se oponha, ou, ainda, dele se julgue independente, é ilegítimo"[4].

---

4. Apud ROMITA, Arion Sayão. O direito coletivo antes e depois da Constituição de 1988. A transição do Direito do Trabalho no Brasil. *Estudos em homenagem a Eduardo Gabriel Saad.* São Paulo: LTr, 1999, p. 74.

As partes acomodam-se à imposição do Estado, que lhe oferece os benefícios necessários à regulação das condições de trabalho.

São criados outros sistemas corporativistas, decorrentes do modelo italiano, como na Espanha, de Franco, em Portugal, de Salazar, e no Brasil, a partir de 1932 em diante, principalmente no período em que Getúlio Vargas esteve no poder.

Pretende o sistema manter um nível mínimo e irrenunciável de proteção ao trabalhador. Impede a autonomia da vontade das próprias partes em negociar as regras de trabalho. A jurisprudência fica impedida de criar situações diversas das previstas na lei e de fazer justiça, passando a fazer legalidade.

A legislação é codificada, em prejuízo da autonomia coletiva das pessoas. O Estado determina a fiscalização das normas trabalhistas pelos inspetores do trabalho, estabelecendo multas pelo descumprimento da legislação do trabalho.

Os reajustes salariais não são estipulados na negociação coletiva, mas são estabelecidos pela legislação de política salarial.

Bem sintetiza essa fase no Brasil o professor Arion Sayão Romita: "o Estado vê tudo, sabe o que é melhor para cada um, a tudo prove"[5]. O particular, portanto, nada pode fazer, a não ser obedecer aos desígnios do Estado ditatorial, onipresente, onipotente e onisciente.

A vantagem do sistema é que a lei estabelece uma proteção mínima e irrenunciável ao trabalhador, impedindo que o empregador pretenda obter vantagens sobre o empregado, impondo condições de trabalho. Nem as partes nem a negociação coletiva podem estabelecer regras *in peius* à relação de trabalho, se forem contrárias às regras legais.

Há, ainda, o sistema intervencionista do tipo socialista, em que o Estado disciplina as relações individuais e coletivas do trabalho. A autonomia coletiva é estabelecida pelas determinações do Estado, como ocorre em Cuba.

O sistema intervencionista não é um regime democrático, pois o Estado impõe a sua vontade aos seus súditos. As partes não podem livremente estabelecer regras de conduta, pois tudo é regulado pelo Estado. Não são geradas relações de conduta espontâneas. Como há excesso de intervencionismo do Estado, existe o reiterado descumprimento da norma, mostrando a rejeição desta pela sociedade. A CLT é exemplo notório disso, pois ao final de vários capítulos há a seção "Das Penalidades", com o objetivo de dar cumprimento obrigatório à norma estatal, sob pena de multa.

---

5. ROMITA, Arion Sayão. Sindicalização por categoria. Direito do Trabalho. *Temas em aberto*. São Paulo: LTr, 1998, p. 521.

8.2.2 Modelo negociado

O modelo negociado é o decorrente da negociação coletiva. Não se trata de um modelo negociado entre os partidos políticos e os grupos ou interessados. Diz respeito apenas à área do Direito do Trabalho.

No modelo negociado, o Estado é abstencionista. As partes buscam entre si as soluções para os problemas trabalhistas. É um modelo de autocomposição, em que as próprias partes criam regras jurídicas. As normas e as condições de trabalho são fixadas nos instrumentos normativos. As questões são resolvidas pelos contratos, convenções e acordos coletivos de trabalho.

No sistema negociado não se pretende alterar o modelo político do Estado. A lei é substituída pela norma coletiva. As iniciativas são tomadas pelos próprios interlocutores sociais.

Para o funcionamento desse sistema, deve haver liberdade sindical, tal qual preconizada na Convenção n. 87 da OIT, podendo ser constituídos tantos sindicatos quantos as pessoas desejarem, permitindo a elas entrar, permanecer ou sair livremente do sindicato.

É permitido o direito de greve, mas os litígios geralmente são solucionados por mediação e arbitragem.

As partes são livres na estipulação das regras trabalhistas, havendo um mínimo de interferência estatal.

É um modelo democrático e pluralista. Tem maior probabilidade de ser cumprido espontaneamente pelas próprias partes, pois foram elas que fizeram as respectivas regras.

A eficácia do sistema jurídico é maior, por ser descentralizado e espontâneo.

Há possibilidade de negociação em outros níveis, como local, estadual, nacional, tendo o sistema maior mobilidade, não dependendo da lei, que tem processos mais morosos para a sua modificação.

O modelo negociado é encontrado, por exemplo, nos Estados Unidos. Apenas em alguns setores a negociação é centralizada, como portos, aço, transportadores. A maioria dos contratos é estabelecida no âmbito local ou empresarial. Certas negociações ocorrem em estabelecimentos ou departamentos das empresas, como, por exemplo, novo tipo de jornada de trabalho, cargos e salários[6].

---

6. PASTORE, José. *Flexibilização dos mercados de trabalho e contratação coletiva*. São Paulo: LTr, 1994, p. 36-40.

No Uruguai, foi ratificada a Convenção n. 87 da OIT. O Estado não regula a organização sindical ou a atividade sindical. Inexiste lei sindical, prevalecendo a orientação da citada convenção da OIT. O registro dos sindicatos decorre do direito de associação, sem nenhuma intervenção ou interferência do Estado. O sindicato adquire personalidade gremial sem os mesmos requisitos para a criação de pessoas jurídicas, sendo automática e informal.

Aponta Amauri Mascaro Nascimento como desvantagem o fato de poder haver desequilíbrio de forças, pois a norma coletiva não vai solucionar a questão trabalhista de forma justa e equitativa[7].

8.2.3 Modelo misto

O modelo misto envolve a combinação de um sistema intervencionista do Estado e ao mesmo tempo negociado pelas próprias partes.

São garantidos certos direitos fundamentais do trabalhador pela legislação, podendo haver negociação coletiva quanto às demais hipóteses.

O Estado não intervém no sistema sindical, que é criado espontaneamente.

O conteúdo do contrato de trabalho é formado muito mais pelas regras estabelecidas pela negociação coletiva do que pela legislação.

Permite maior flexibilização das regras trabalhistas, que podem ser modificadas em épocas de crises econômicas.

8.3 CONCLUSÃO

Não é apenas o Estado que cria todo o Direito (posição subjetiva). Ao contrário, o Direito não se põe ou se realiza automaticamente (posição objetiva). Na verdade, o Direito é o resultado de uma síntese de aspectos objetivos e subjetivos, de acordo com uma ordem de valor. Uma norma editada arbitrariamente pelo Estado, à revelia dos valores existentes na sociedade, poderia valer tecnicamente, mas apenas pela sua coercibilidade objetiva[8], não tendo eficácia.

A pluralidade das normas jurídicas não se verifica apenas nas normas editadas pelo Estado, mas também em relação a outras normas.

A Igreja tem um complexo de normas, em que são estabelecidas sanções. É o Direito Canônico.

---
7. NASCIMENTO, Amauri Mascaro. *Teoria geral do direito do trabalho*, cit., p. 32.
8. REALE, Miguel. *Teoria do direito e do estado*. 3. ed. São Paulo: Martins, 1970, p. 103.

As organizações esportivas também têm várias normas e até tribunais desportivos, que não são os provenientes do Estado.

Os sindicatos estabelecem normas, que devem ser cumpridas pelas partes acordantes, sob pena de multa ou de exclusão do associado dos quadros sociais.

9
PLURALISMO DO DIREITO DO TRABALHO

A origem do pluralismo do Direito do Trabalho está no poder dos grupos em se autodeterminarem, estabelecendo normas próprias.

No Direito do Trabalho, há a convivência entre as normas oriundas do Estado e as elaboradas pelas partes, formando um complexo de normas jurídicas. No Brasil, ainda predomina a regulamentação das condições de trabalho por meio da lei, com pequeno espaço para a negociação coletiva. Nosso modelo é, portanto, legislado. Há o intervencionismo estatal. A legislação regulamenta muitos assuntos, quando deveria deixar maior espaço à regulação coletiva.

São fontes estatais de produção do Direito do Trabalho as constituições, leis, decretos e sentenças normativas.

Os tratados internacionais, as declarações de direitos e outras normas internacionais são fontes internacionais de produção do Direito do Trabalho.

São fontes negociais: o contrato de trabalho, o regulamento de empresa (quando bilateral), as convenções e os acordos coletivos.

As convenções coletivas, os regulamentos de empresa, os conselhos de empresa limitam o poder patronal e asseguram a participação dos empregados na elaboração dos regulamentos e na administração[1].

Serão examinados, em seguida, em capítulos próprios, cada uma das citadas fontes do Direito do Trabalho.

---

1. GURVITCH, Georges. *Le temps présent et l'idée du droit social.* Paris: J. Vrin, 1932, p. 93.

10
NORMAS INTERNACIONAIS

10.1 INTRODUÇÃO

A pluralidade de normas jurídicas também é verificada com base na pluralidade de Estados. Estes são criados, muitas vezes, por sua composição étnica.

Os Estados estabelecem entre si normas. Muitos Estados fazem parte de determinadas organizações internacionais, em que são estabelecidas normas.

As normas internacionais têm incidência sobre o ordenamento interno de um país. Para a validade dessas normas internacionais no âmbito interno de cada país, é preciso observar a prescrição constitucional.

Para que a norma internacional tenha vigência no Estado, é preciso que seja por ele ratificada.

Ratificação, segundo Hildebrando Accioly, é "o ato pelo qual o poder executivo, devidamente autorizado pelo órgão para isso designado na lei interna, confirma um tratado ou declara que este deve produzir seus devidos efeitos"[1]. Antes da ratificação "o tratado não constitui ato perfeito e acabado: a ratificação é que o completa e lhe dá força obrigatória"[2].

Estabelece o inciso VIII do art. 84 da Constituição que é da competência privativa do presidente da República celebrar tratados, convenções e atos internacionais, sujeitos a referendo do Congresso Nacional.

Determina o inciso I do art. 49 da Constituição que compete exclusivamente ao Congresso Nacional resolver definitivamente sobre tratados, acordos ou atos internacionais que acarretem encargos ou compromissos gravosos ao patrimônio nacional. A aprovação do tratado ou convenção é feita no Congresso Nacional por meio de decreto legislativo.

---
1. ACCIOLY, Hildebrando. *Tratado de direito internacional público*. 2. ed. Rio de Janeiro: Ministério das Relações Exteriores, 1956, v. I, p. 574.
2. ACCIOLY, Hildebrando. *Tratado de direito internacional público*, cit., p. 577.

Para a vigência da norma internacional é necessário publicidade, tornando público o texto oficial, o que é feito por intermédio de decreto de promulgação, isto é, por decreto do presidente da República.

Leciona Hildebrando Accioly que promulgação "é o ato jurídico, de natureza interna, pelo qual o governo de um Estado afirma ou atesta a existência de um tratado por ele celebrado e o preenchimento das formalidades exigidas para sua conclusão e, além disso, ordena sua execução dentro dos limites aos quais se estende a competência estatal"[3].

Não existe determinação constitucional no sentido de a promulgação ser feita por decreto. Assevera Francisco Rezek que é uma praxe "tão antiga quanto a Independência e os primeiros exercícios convencionais do Império". Vale o decreto "como ato de publicidade da existência do tratado, norma jurídica de vigência atual ou iminente. Publica-os, pois, o órgão oficial, para que o tratado – cujo texto completo vai em anexo – se introduza na ordem legal, e opere desde o momento próprio. A simples publicação no Diário Oficial, autorizada pelo Ministro das Relações Exteriores e efetivada pela Divisão de Atos Internacionais do Itamaraty, garante a introdução no ordenamento jurídico nacional dos acordos celebrados no molde 'executivo' – sem manifestação tópica do Congresso ou intervenção formal, a qualquer título, do Presidente da República"[4].

A Constituição da OIT também não dispõe que a convenção deve ser promulgada.

A norma internacional só vige "depois de oficialmente publicada" (art. 1º da Lei de Introdução às Normas do Direito Brasileiro), o que é feito com o decreto de promulgação publicado no Diário Oficial da União. Com isso, a norma internacional é traduzida para o português, é tornada pública, sendo indicada a data da sua vigência.

A publicação do texto da norma internacional no Diário do Congresso Nacional não tem o condão de torná-la obrigatória, o que só é realizado com a publicação no Diário Oficial da União, quando é fixada a data do início da sua vigência.

Os tratados e convenções internacionais têm, no nosso ordenamento jurídico, hierarquia de lei federal. Esclarece a alínea *b* do inciso III do art. 102 da Constituição que compete ao Supremo Tribunal Federal, em grau de recurso extraordinário, julgar as causas em única ou última instância, para declarar a

---

3. ACCIOLY, Hildebrando. *Tratado de direito internacional público*, cit., p. 602.
4. REZEK, José Francisco. *Direito Internacional Público*. 2. ed. São Paulo: Saraiva, 1991, p. 84.

inconstitucionalidade de tratado, mostrando que este está hierarquicamente abaixo da Constituição. Determina a alínea *a* do inciso III do art. 105 da Lei Magna que compete ao Superior Tribunal de Justiça julgar, em recurso especial, as decisões que contrariarem tratado, ou negar-lhes vigência, dando a entender que o tratado tem hierarquia de lei federal.

Na Argentina, o inciso 22 do art. 75 da Constituição estabeleceu que os tratados e concordatas têm hierarquia superior às leis.

É expresso o § 18 do art. 19 da Constituição da OIT no sentido de que a convenção não importa na revogação ou alteração de qualquer lei, sentença, costume ou acordo que garanta aos trabalhadores condições mais favoráveis.

Já julgou o STF que a norma posterior ao tratado prevalece sobre o instrumento internacional, ainda que não tenha sido ele denunciado pelo Brasil[5]. Em outro julgado, o STF entendeu que "os tratados concluídos pelo Estado Federal possuem, em nosso sistema normativo, o mesmo grau de autoridade e de eficácia das leis nacionais"[6]. Caso o tratado se atrite com a Constituição e esta for mais recente, prevalece a última. Se o tratado for editado na vigência da Constituição e for contrário a ela, será inconstitucional.

Nos sistemas dualistas, a norma internacional e a interna do país vigoram ao mesmo tempo, como ocorre na Austrália, no Canadá e na Inglaterra.

Há países em que se estabelece que as convenções da OIT não ratificadas e as recomendações incluem-se entre as fontes aptas para preencher as lacunas da lei, como os Códigos do Trabalho da Costa Rica (art. 16) e do Haiti (art. 13).

A Emenda Constitucional n. 45/2004 acrescentou o § 3º ao art. 5º da Constituição. Agora existe outra situação a considerar. Os tratados e convenções internacionais sobre direitos humanos aprovados em dois turnos no Congresso Nacional, por três quintos dos votos de cada casa, que é o procedimento equivalente ao da votação de emenda constitucional (§ 2º do art. 60 da Lei Maior), terão natureza de emenda constitucional. São apenas tratados e convenções internacionais sobre direitos humanos, e não sobre outras matérias.

Ficará a cargo do Congresso Nacional adotar o critério que entender adequado para a aprovação da norma internacional.

Atualmente, o STF entende que os tratados têm natureza supralegal: acima da lei e abaixo da Constituição.

---
5. STF, Pleno, RE 80.004, Rel. Min. Cunha Peixoto, j. 1º-6-1977, *RTJ* 83/809.
6. STF, ADIn 1.347-5, Rel. Min. Celso de Mello, *DJU* I 1º-12-1995, p. 41.685.

10.2 TRATADOS INTERNACIONAIS

Os tratados internacionais determinam normas a serem aplicadas ao ordenamento jurídico interno de um país.

Não serão aqui examinados todos os tratados trabalhistas, mas os mais importantes ou que têm maior significação.

O Tratado de Versailles, de 1919, representa um documento político, militar e, ao mesmo tempo, trabalhista. Cria a Organização Internacional do Trabalho (OIT), pondo fim à Primeira Guerra Mundial. A paz internacional levou à edição do referido tratado, mas envolve também o exame da questão trabalhista como uma das condições da paz social. Houve recomendação aos Estados no sentido de estabelecerem como fundamentos de uma política legislativa: a) o trabalho não pode ser considerado mercadoria; b) deve existir o direito de associação; c) os salários devem assegurar um razoável nível de vida; d) deve-se adotar a jornada de oito horas e o repouso semanal de pelo menos 24 horas; e) o trabalho de menores deve ser suprimido para que possam estudar e se desenvolver; f) para trabalho de igual valor deve haver igualdade salarial; g) os trabalhadores estrangeiros devem ter tratamento equitativo; h) deve-se organizar um sistema de fiscalização trabalhista estatal.

Prevê o Tratado de Itaipu, entre Brasil e Paraguai, por exemplo, regras trabalhistas e previdenciárias para os trabalhadores da referida usina hidrelétrica.

Instituiu o Tratado de Assunção o Mercosul, criando um mercado comum entre Argentina, Brasil, Paraguai e Uruguai, prevendo a livre circulação de bens, serviços e fatores de produção (art. 1º) e permitindo, portanto, a livre circulação de trabalhadores, conforme ensina Cassio Mesquita Barros Jr.[7] No Mercosul pretende-se harmonizar as diversas normas existentes nos países-membros, ante a impossibilidade de unificação de regras trabalhistas, mas que irão incidir sobre as relações de trabalho. Objetiva-se a ratificação pelos quatro estados que compõem o citado bloco de pelo menos 34 Convenções da OIT[8], que seriam as normas mínimas inderrogáveis. Cassio Mesquita Barros Jr. preconiza que a negociação coletiva seja a forma de realizar e promover a harmonização, para conseguir o equilíbrio entre as exigências sociais e econômicas[9], por intermédio

---

7. BARROS JR., Cassio Mesquita. *Perspectivas do Direito do Trabalho no Mercosul*. São Paulo: edição do autor, 1993, p. 59.
8. CRUZ, Cláudia Ferreira; CHAHAD, José Paulo Zeetano. A discussão da dimensão sociolaboral na atual etapa do Mercosul, *LTr*, 63-01/51. No mesmo sentido: BARROS JR., Cassio Mesquita. Direito comunitário: aspectos trabalhistas. Fundamentos do Direito do Trabalho. *Estudos em homenagem ao Min. Milton de Moura França*. São Paulo: LTr, 2000, p. 143.
9. BARROS JR., Cassio Mesquita. *Perspectivas do direito do trabalho no Mercosul*, cit., p. 297.

de convenção coletiva internacional, com fundamento nas Convenções n. 87 e 98 da OIT[10].

10.3 CONVENÇÕES E RECOMENDAÇÕES DA OIT

A OIT expede convenções e recomendações. Quando as convenções são ratificadas pelos países membros da OIT, produzem direitos e obrigações, tendo, no Brasil, após aprovadas pelo Congresso Nacional e promulgadas, hierarquia de lei federal. Das várias Convenções da OIT, são as mais importantes as Convenções n. 87 (sobre liberdade sindical) e 98 (sobre direito de sindicalização e negociação coletiva).

Normalmente, as convenções da OIT acabam estabelecendo um mínimo a ser observado pelos países que as ratificarem. Outras vezes são estabelecidas convenções que fixam princípios. É, porém, impossível estabelecer uniformidade de orientação internacional para os vários países, em razão da diversidade de questões culturais, históricas, geográficas, de desenvolvimento, daí por que a orientação do que seria o mínimo ou dos princípios básicos a observar.

As recomendações são meras propostas ou sugestões para os países-membros da OIT, de modo a orientar seu direito interno. Não precisam ser ratificadas. Complementam as convenções da OIT. Geralmente, é utilizada a recomendação quando não houve número suficiente de adesões para que ela viesse a transformar-se numa convenção.

10.4 DECLARAÇÕES DE DIREITOS

As declarações de direitos também estabelecem regras.

A Declaração Universal dos Direitos do Homem foi aprovada pela Assembleia Geral das Nações Unidas em 1948. Prevê alguns direitos trabalhistas: "Art. XXIII. 3. Todo homem que trabalha tem direito a uma remuneração justa e satisfatória, que lhe assegure, assim como à sua família, uma existência compatível com a dignidade humana, e a que se acrescentarão, se necessário, outros meios de proteção social. 4. Todo homem tem direito a organizar sindicatos e a neles ingressar para proteção de seus interesses". O § 1º do art. XXIII prevê que "todo homem tem direito ao trabalho, à livre escolha de emprego, a condições justas e favoráveis de trabalho e à proteção contra o desemprego". Reza o art. XXIV que "todo homem tem direito a re-

---

10. BARROS JR., Cassio Mesquita. *Direito comunitário*, cit., p. 149.

pouso e lazer, inclusive a limitação razoável das horas de trabalho e a férias remuneradas periódicas". Dispõe o art. XXV.1 que "todo homem tem direito a um padrão de vida capaz de assegurar a si e a sua família saúde e bem-estar, inclusive alimentação, vestuário, habitação, cuidados médicos e os serviços sociais indispensáveis, e direito à segurança em caso de desemprego, doença, invalidez, viuvez, velhice, ou outros casos de perda dos meios de subsistência em circunstâncias fora de seu controle. 2. A maternidade e a infância têm direito a cuidados e assistências especiais. Todas as crianças, nascidas dentro ou fora do matrimônio, gozarão da mesma proteção social".

O Pacto Internacional dos Direitos Econômicos, Sociais e Culturais foi aprovado pelo Decreto Legislativo n. 226/91. Foi promulgado pelo Decreto n. 591/92. Dispõe que não pode haver discriminação por motivo de raça, cor, sexo, língua, religião, opinião política, situação econômica (art. 2º, 2). A remuneração deve assegurar um salário equitativo e igual por trabalho de igual valor. O trabalhador tem direito a descanso, lazer e limitação razoável das horas de trabalho, férias remuneradas, assim como a remuneração dos feriados (art. 7º).

10.5 COMUNIDADE ECONÔMICA EUROPEIA

O Tratado de Paris, de 1951, instituiu a Comunidade Econômica Europeia do Carvão e do Aço (CECA). Declara o Tratado de Paris que "o progresso social deve ser feito em consequência da expansão econômica". Afirma Lyon-Caen que a referida ideia "consiste, em suma, em não admitir uma autonomia do social em relação ao econômico, a resolver o social por meio do econômico. Os redatores do Tratado tiveram por objetivo, essencialmente, a criação de um grande mercado e consideraram, apenas indiretamente, uma melhoria do nível de vida das populações e também indiretamente dos trabalhadores"[11]. Não poderia haver discriminação quanto a nacionalidade, havendo livre acesso dos trabalhadores aos empregos no ramo do carvão e do aço, facilitando sua livre circulação entre os países-membros.

Em 25 de março de 1957, em Roma, Alemanha, Bélgica, Luxemburgo, França, Itália e Holanda firmaram tratado estabelecendo a Comunidade Europeia da Energia Atômica (Euratom). Objetiva-se, entre outras coisas, uma harmonização das legislações e das políticas sociais, além de garantia de emprego. Versam os arts. 48 a 51 sobre a livre circulação de trabalhadores. Prevê o art. 100 a harmonização das legislações nacionais. Determina o art. 119 sobre a igualdade salarial, sem

---

11. LYON-CAEN, Gérard. *Droit social européen*. Paris: Dalloz, 1969, p. 17.

discriminação de sexo. Podem ser adotadas recomendações com o objetivo de harmonização das legislações.

Na mesma data foi criada a Comunidade Econômica Europeia, pelo Tratado de Roma. Determinou o art. 3º a abolição entre os Estados-membros dos obstáculos à livre circulação de pessoas, serviços e capitais. São proibidas discriminações por nacionalidade (arts. 7 e 48).

Em 1965, com o Tratado de fusão, passaram as três Comunidades a possuir a mesma infraestrutura administrativa, integrada pelo Conselho e pela Comissão das Comunidades Europeias.

O Ato Único Europeu, assinado em Luxemburgo, em 17 de fevereiro de 1986, que entrou em vigor em 1º de julho de 1987, fez a revisão dos três tratados comunitários, versando sobre questões do mercado interno e política comum.

O Tratado de Maastricht, de 7 de fevereiro de 1992, implementou a União Europeia, com sua efetivação a partir de 10 de novembro de 1993. O objetivo é alcançar a união econômica e monetária.

Na Comunidade Econômica Europeia também surge um direito supranacional, estabelecendo regras trabalhistas, que devem ser aplicadas em relação aos respectivos membros. As diretivas são obrigatórias para os seus membros à medida que, segundo Cassio Mesquita Barros Jr., "exigem que um resultado seja obtido"[12], mas deixam livres as autoridades nacionais para decidir a forma e o meio de realizá-lo (§ 3º do art. 189 do Tratado da Comunidade Econômica). As normas estabelecidas não precisam ser ratificadas e são aplicadas de imediato no âmbito interno dos Estados soberanos.

A norma interna do país que está em desacordo com a determinação comunitária é considerada revogada. Exemplo foi da Itália, que tinha legislação estabelecendo limite máximo de trabalho em 60 horas, quando o da comunidade é de 48 horas. Teve a legislação italiana de se adaptar à determinação comunitária.

Em matéria trabalhista, a orientação comunitária parte do pressuposto de que não pode haver discriminação de trabalhadores, que compreende, por exemplo, a livre circulação, as questões relativas a salário, sexo e nacionalidade.

Os exemplos citados mostram as diversas normas internacionais que podem ter incidência sobre determinado país, indicando o pluralismo das regras trabalhistas.

---

12. BARROS JR., Cassio Mesquita. *Perspectivas do direito do trabalho no Mercosul*, cit., p. 111.

11
CONSTITUIÇÃO

11.1 INTRODUÇÃO

As Constituições foram uma conquista do povo contra o arbítrio do poder estatal, que tudo determinava. Em um Estado de Direito, a Constituição é o impedimento ao avanço do Estado sobre o cidadão, que tem seus direitos fundamentais inseridos na Lei Maior e que devem ser observados pelo Estado. É uma garantia do cidadão e de toda a sociedade contra os abusos praticados pelo Estado. Em matéria tributária, por exemplo, os arts. 150 a 152 da Constituição consagram um verdadeiro estatuto do contribuinte, pois estabelecem o que o Estado não pode fazer, ao vedar a determinação de certas regras por aquele, tanto que a Seção II do Capítulo I do Título VI da Lei Magna tem o título: "Das Limitações do Poder de Tributar" do Estado. Pertinente, portanto, a lição de Paulo Bonavides de que "as Constituições existem para o homem e não para o Estado; para a sociedade e não para o poder"[1].

No momento em que o Estado se abstém de regular as condições de trabalho, as Constituições também não tratam do tema.

A Declaração francesa de 1789 estabelecia que "toda sociedade na qual não está assegurada a garantia dos direitos nem determinada a separação dos poderes, não tem Constituição" (art. 16).

A primeira geração de direitos constitucionais pretende valorizar o homem, assegurando liberdades e direitos individuais. Exemplo estaria na Constituição dos Estados Unidos.

A segunda geração de direitos constitucionais chama-se de constitucionalismo social. São inseridas nas Constituições regras trabalhistas, econômicas, previdenciárias, sociais e culturais. Essa fase é inaugurada a partir de 1917, com a Constituição do México. Desse momento em diante as constituições passam a tratar do tema trabalhista.

A terceira geração de direitos constitucionais é denominada de direitos difusos, tratando, por exemplo, de direitos relativos ao meio ambiente, ao patrimônio comum da humanidade, à comunicação, à paz.

---

1. BONAVIDES, Paulo. *Curso de direito constitucional*. 4. ed. São Paulo: Malheiros, 1993, p. 271.

Foi a Constituição do México de 1917 a primeira a versar sobre direitos trabalhistas. Seu art. 123, que está em vigor até hoje, com pequenas modificações, tem 33 incisos, estabelecendo jornada de oito horas, proibição de trabalho de menores de 12 anos, limitação da jornada dos menores de 16 anos a seis horas, jornada máxima noturna de sete horas, descanso semanal, proteção à maternidade, salário mínimo, direito de sindicalização e de greve, indenização de dispensa, seguro social e proteção contra acidentes do trabalho. Mario de la Cueva afirma que o art. 123 não é original, pois foi inspirado nas legislações de vários países, como França, Itália, entre outras. Tinha por objetivo estabelecer garantias mínimas aos trabalhadores e incorporar essas regras na Constituição[2].

A Constituição de Weimar, de 1919, permitiu: a participação dos trabalhadores nas empresas (art. 156); a liberdade de coalizão dos trabalhadores (art. 159); sistema de seguros para a conservação da saúde e da capacidade de trabalho (art. 161); a representação dos trabalhadores na empresa (art. 165); a possibilidade de os trabalhadores poderem colaborar com os empregadores na fixação de salários e demais condições de trabalho (art. 165). O trabalho passa a ser protegido pelo Estado. A citada Constituição inspirou outras normas constitucionais europeias.

A *Carta del Lavoro*, de 1927, na Itália, instituiu o regime corporativista de Mussolini. O complexo da produção é unitário do ponto de vista nacional. A organização privada da produção é uma função de interesse nacional; a organização da empresa é de responsabilidade da direção da produção (VII). Tudo ficava na órbita do Estado. Nada escapava das suas determinações, nem poderia ser estabelecido contra o Estado. Só era reconhecido um único sindicato, a critério do Estado. A greve e o *lock-out* eram proibidos, por serem considerados recursos nocivos, antissociais e incompatíveis com o interesse da produção nacional. Há um completo dirigismo estatal. Inspirou outros regimes corporativos, como na Espanha e em Portugal. Alguns dispositivos dessa norma constitucional são traduzidos e incorporados na Carta Magna brasileira de 1937.

11.2 CONSTITUIÇÕES BRASILEIRAS

As primeiras Constituições brasileiras não traziam exatamente direitos trabalhistas.

As corporações de ofício foram abolidas pela Constituição de 1824, inclusive seus juízes, escrivães e mestres (art. 179, XXV).

---

2. CUEVA, Mario de la. *Derecho mexicano del trabajo*. México: Porrúa, 1960, p. 120.

Admitiu a Constituição de 1891 a liberdade de associação (§ 8º do art. 72). Esta, segundo Carlos Maximiliano, compreendia a liberdade "que têm as pessoas de pôr em comum bens, direitos ou valores, o seu trabalho, a sua atividade, os seus conhecimentos, forças individuais quaisquer, para um fim, desinteressado ou não"[3].

As Constituições brasileiras passaram a tratar de questões econômicas e sociais a partir de 1934, incluindo temas trabalhistas.

Assegurou o § 1º do art. 121 da Constituição de 1934, vários direitos trabalhistas, como: proibição de diferença de salário para um mesmo trabalho, por motivo de idade, sexo, nacionalidade ou estado civil (a); salário mínimo (b); jornada de oito horas (c); proibição de trabalho a menores de 14 anos, de trabalho noturno a menores de 16 e em indústrias insalubres, a menores de 18 anos e a mulheres (d); repouso semanal, de preferência aos domingos (e), que ainda não era remunerado; férias anuais remuneradas (f); indenização ao trabalhador dispensado sem justa causa (g); reconhecimento das convenções coletivas de trabalho (j).

A Carta Magna de 1937, imposta por Getúlio Vargas, sofre influência do corporativismo italiano de Mussolini, da *Carta del Lavoro*, de 1927. As forças econômicas deveriam ser determinadas pelo Estado, com o objetivo de promover o interesse nacional, impondo regras a todos os seus membros. A economia da produção será organizada em corporações, e estas, como entidades representativas das forças do trabalho nacional, colocadas sob a assistência e a proteção do Estado, são órgãos deste e exercem funções delegadas de poder público (art. 140). Versa o art. 137 sobre as questões trabalhistas. Os contratos coletivos são obrigatórios a todos os empregados e empregadores (a). Assegura-se repouso semanal aos domingos (d), salário mínimo (h), jornada de trabalho de oito horas (i), o trabalho noturno terá remuneração superior à do diurno (j), proibição de trabalho a menores de 14 anos (k). Somente o sindicato regularmente reconhecido pelo Estado tem o direito de representação legal dos que participarem da categoria de produção (art. 138). A greve e o *lock-out* são considerados recursos antissociais, nocivos ao trabalho e ao capital e incompatíveis com os superiores interesses da produção nacional (art. 139).

A Constituição democrática de 1946 estabeleceu no art. 157: salário mínimo (I), participação nos lucros (IV), duração diária do trabalho de oito horas (V), repouso semanal remunerado (VI), proibição de trabalho a menores de 14 anos (IX), direito da gestante a descanso antes e depois do parto (X), estabilidade (XII), reconhecimento das convenções coletivas de trabalho (XIII). É reconhe-

---

3. MAXIMILIANO, Carlos. *Comentários à Constituição brasileira*. Rio de Janeiro: Jacintho Ribeiro, 1918, p. 70.

cido o direito de greve (art. 158). Especificava o art. 159 ser livre a associação profissional ou sindical, mas dependente da previsão legal, que determinava a unicidade sindical.

Previa a Constituição de 1967 no art. 158: I – salário mínimo; V – integração do trabalhador na vida e no desenvolvimento da empresa, com participação nos lucros e, excepcionalmente, na gestão, nos casos e condições que forem estabelecidos; VI – duração diária do trabalho não excedente de oito horas; VII – repouso semanal remunerado; X – proibição de trabalho a menores de 12 anos; XIII – estabilidade, com indenização ao trabalhador despedido, ou fundo de garantia equivalente. A greve era vedada nos serviços públicos e nas atividades essenciais (§ 7º do art. 157). Era livre a associação sindical, porém dependente da previsão de lei (art. 159), que determinava a unicidade sindical.

A Emenda Constitucional n. 1, de 1969, praticamente repetiu a Constituição de 1967 no aspecto trabalhista, conforme o art. 165, que tinha pequenas modificações de redação em relação ao art. 158 da Carta Magna de 1967.

A divisão do tema trabalhista na Constituição de 1988 foi feita de outra forma. Alguns direitos individuais e tutelares são estabelecidos no art. 7º, que tem 34 incisos. O Estado não pode interferir ou intervir na atividade sindical (art. 8º, I). É vedada a criação de mais de um sindicato, na mesma base territorial, que não poderá ser inferior à área de um município (art. 8º, II). Criou-se a contribuição confederativa e continuou o sindicato a poder exigir a contribuição prevista em lei, que é a sindical (art. 8º, IV). Os trabalhadores passaram a decidir sobre a oportunidade de exercer o direito de greve (art. 9º). Apenas a lei definirá os serviços ou atividades essenciais e disporá sobre o atendimento das necessidades inadiáveis da comunidade (§ 1º do art. 9º). Nas empresas com mais de 200 empregados, é assegurada a eleição de um representante destes com a finalidade exclusiva de promover-lhes o entendimento direto com os empregadores (art. 11).

Há determinadas regras da Constituição de 1988 que têm aplicação imediata, como o inciso XVI do art. 7º da Lei Magna, que versa sobre o adicional de horas extras de pelo menos 50%. Outras dependem da lei ordinária para lhe dar eficácia plena, como da participação na gestão (art. 7º, XI), do aviso prévio proporcional ao tempo de serviço (art. 7º, XXI), do adicional de penosidade (art. 7º, XXIII).

11.3 CRÍTICA

As Constituições brasileiras têm a característica de ser detalhistas. Cada nova Constituição tem mais artigos do que a anterior, como se observa a partir de 1946 em diante. Parece que há uma competição entre os constituintes a cada elaboração de uma nova Constituição, no sentido de ver quem coloca mais artigos na Lei Maior. A Norma Magna de 1824 tinha 179 artigos; a de 1891, 91 artigos e mais oito nas disposições transitórias; a de 1934, 187 artigos e outros 26 relativos às disposições transitórias; a de 1937, 187 artigos; a de 1946, 222 artigos; a de 1967, 189 artigos e vários atos institucionais; a Emenda Constitucional n. 1, de 1969, 217 artigos e foram feitas várias alterações até a Emenda Constitucional n. 27.

A Constituição de 1824 teve apenas o ato adicional de 1834 e durou 65 anos. A Constituição de 1891 foi alterada uma vez em 1926, durando 40 anos. A Constituição de 1934 teve três emendas, durando três anos. A Constituição de 1937 durou 8 anos e teve 21 emendas. A Constituição de 1946 durou 21 anos e teve 27 emendas. A Constituição de 1967 durou dois anos. A Emenda Constitucional n. 1/69 durou nove anos e teve 26 emendas.

A Constituição de 1988 tem 250 artigos. O Ato das Disposições Constitucionais Transitórias ainda tem 100 artigos, além do que foram feitas seis emendas de revisão e mais 135 emendas constitucionais, até o momento, e muitas delas têm vários artigos.

A Lei Maior brasileira não deveria ser minuciosa, versando, por exemplo, sobre número de dias de aviso prévio (art. 7º, XXI) e base de cálculo da contribuição previdenciária do segurado especial (§ 8º do art. 195). Essas regras deveriam estar disciplinadas na legislação ordinária. A Constituição deveria ter princípios, que dariam fundamento e sustentação à legislação ordinária, como ocorre na Constituição dos Estados Unidos, que tem poucos artigos.

Praticamente, tudo está regulado na Constituição. Muitas regras precisam ser complementadas pela legislação ordinária ou complementar para que o dispositivo constitucional possa ter eficácia plena. Resta muito pouco espaço para a negociação entre as próprias partes interessadas.

Uma Constituição é duradoura quando corresponde à realidade na qual está inserida, daí por que deve ser sintética, tratando dos princípios e não de detalhes. Do contrário, tem de ser constantemente modificada, como ocorre com as Leis Magnas brasileiras. Leciona Ferdinand Lassale que "onde a Constituição escrita não corresponder à real irrompe inevitavelmente um conflito que é impossível evitar e no qual, mais dia menos dia, a Constituição escrita, a folha de papel, sucumbirá necessariamente perante a Constituição real, a das verdadeiras forças vitais do país"[4].

Os constituintes que elaboraram a atual Lei Básica tinham consciência da necessidade de modificações, evidenciando que tal norma é transitória, tanto

---
4. LASSALE, Ferdinand. *A essência da Constituição*. Rio de Janeiro: Liber Iuris, 1985, p. 41-42.

que o art. 3º do Ato das Disposições Constitucionais Transitórias menciona a necessidade de revisão constitucional após cinco anos da sua promulgação.

Falava-se que a Constituição anterior era uma "colcha de retalhos", tantas foram as emendas que a alteraram, que foram 27. A atual Constituição de 1988 está em patamar superior, pois já tem 135 emendas alterando o seu conteúdo.

Representam os arts. 7º a 11 da Constituição de 1988 uma pequena CLT, de tantas as normas contidas nesses dispositivos a respeito de questões trabalhistas, deixando pouco espaço para que as próprias partes criem outras regras.

Toda vez que é preciso fazer uma reforma, esta deve se iniciar pela Constituição, pois a maioria das regras está nela especificada. Isso, porém, representa um problema sério, que é o quórum exigido para a mudança da Lei Magna: de três quintos dos votos dos membros de cada Casa do Congresso Nacional (§ 2º do art. 60 da Lei Maior). A reforma da Previdência Social demorou muitos anos para ser votada, dada a dificuldade em relação aos temas objeto de modificação, só sendo concluída com a Emenda Constitucional n. 20/98. É também o fundamento pelo qual as reformas tributárias e do Poder Judiciário não têm a tramitação rápida que deveriam ter. Em matéria trabalhista, o quórum também impede a alteração do art. 8º da Constituição para estabelecer a pluralidade sindical ou até alterar incisos do art. 7º da Lei Maior, pois os partidos dos trabalhadores não aceitam modificações nos últimos.

12
LEI

12.1 ETIMOLOGIA

Santo Tomás de Aquino afirma que lei vem do verbo ligar, porque obriga a agir[1].

Para Ovídio, lei vem de ler, quando assevera que "não se liam palavras ameaçadoras inscritas no bronze"[2].

A palavra *lei* pode ser decorrente do verbo latino *ligare*, pois a lei liga, vincula obrigatoriamente. Pode ser proveniente da palavra *legere*, no sentido de ler, porque a lei é uma disposição escrita, que é lida.

12.2 CONCEITO

Montesquieu afirma que "as leis, na sua significação mais extensa, são as relações necessárias que derivam da natureza das coisas e, neste sentido, todos os seres possuem as suas leis"; a divindade, o mundo material, as inteligências superiores ao homem, os animais e o próprio homem[3].

Lei é a norma emanada do Poder Legislativo, que estabelece regras de conduta. Obriga a todos dentro da sociedade, pois não visa a situações particulares, mas genéricas.

A lei não representa todo o Direito, mas apenas uma das formas da sua manifestação.

12.3 ESPÉCIES

Reza o art. 59 da Constituição que o processo legislativo compreende a elaboração de: I – emendas à Constituição; II – leis complementares; III – leis

---
1. AQUINO, Santo Tomás de. *Suma teológica*. Araras: Odeon, 1936, v. 9, p. 6.
2. OVÍDIO. *Metamorfoses: as* quatro idades. Rio de Janeiro: Francisco Alves, 1930, v. 89-613, p. 7.
3. MONTESQUIEU. *O espírito das leis*. São Paulo: Abril Cultural, 1973, p. 33. (Col. Os Pensadores).

ordinárias; IV – leis delegadas; V – medidas provisórias[4]; VI – decretos legislativos; VII – resoluções.

Algumas emendas constitucionais trataram de direitos trabalhistas, como, por exemplo: a de n. 20, de 15 de dezembro de 1998, alterou a redação do inciso XXXIII do art. 7º da Constituição, determinando a proibição do trabalho de menores de 16 anos, salvo na condição de aprendiz, a partir de 14 anos; a de n. 26, de 14 de fevereiro de 2000, que modificou a redação do art. 6º da Constituição, estabelecendo que a moradia é um direito social; a de n. 28, que alterou a prescrição para o trabalhador rural.

As leis complementares têm quórum especial de votação, definido no art. 69 da Constituição, que dispõe que serão aprovadas por maioria absoluta. A Lei Maior estabelece quais são as matérias reservadas à lei complementar. Em matéria trabalhista, o inciso I do art. 7º da Lei Magna determina que lei complementar irá estabelecer "relação de emprego protegida contra despedida arbitrária ou sem justa causa", que ainda preverá indenização compensatória, entre outros direitos. A redação original do inciso VII do art. 37 da Lei Maior dispunha que o direito de greve do servidor público será exercido nos termos e nos limites definidos em lei complementar. Hoje, menciona a necessidade de lei específica, que será a ordinária. O Programa de Integração Social (PIS) foi determinado por meio da Lei Complementar n. 7/70. A Lei Complementar n. 150/2015 trata do trabalho doméstico.

As leis ordinárias são aprovadas por maioria simples. Independem de quórum especial de votação. A grande maioria das leis trabalhistas é estabelecida por meio de leis ordinárias. Vários incisos do art. 7º da Constituição dependem de lei: 1) o salário mínimo será fixado em lei (IV); 2) a proteção do salário será feita na forma da lei (X); 3) a participação na gestão depende de lei (XI); 4) o salário família será pago em razão do dependente do trabalhador de baixa renda nos termos da lei (XII); 5) licença-paternidade, nos termos fixados em lei (XIX); 6) o aviso prévio proporcional ao tempo de serviço depende de lei; 7) o adicional de remuneração para as atividades penosas, insalubres ou perigosas, depende da previsão legal (XXIII); 8) a proteção em face da automação será feita na forma da lei (XXVII). A lei não poderá exigir autorização do Estado para a fundação do sindicato, ressalvado o registro no órgão competente, vedadas ao Poder Público a interferência e a intervenção na organização sindical (art. 8º, I, da Lei Maior). A contribuição sindical é prevista em lei (art. 8º, IV, da Constituição). A lei definirá os serviços ou atividades essenciais e disporá sobre o atendimento das necessida-

---

4. As medidas provisórias não têm exatamente um processo legislativo, mas são editadas pelo presidente da República. Muitas tratam de questões trabalhistas, daí por que precisam ser analisadas.

des inadiáveis da comunidade (§ 1º do art. 9º da Lei Magna). Muitas outras leis ordinárias foram estabelecidas, assegurando direitos aos trabalhadores, como a Lei n. 605/49 (repouso semanal remunerado), a Lei n. 5.889/73 (trabalho rural), a Lei n. 6.019/74 (trabalho temporário), que são complementadas por decretos, portarias, ordens de serviço, instruções normativas, circulares.

No Brasil, não existe um código de trabalho, mas uma Consolidação das Leis do Trabalho, que é o Decreto-Lei n. 5.452, de 1º de maio de 1943, possuindo natureza de lei ordinária. Essa norma consolidou a legislação existente até então, embora tenha várias modificações. Reza sobre o direito material nos arts. 2º a 642. O Direito Processual do Trabalho é especificado nos arts. 643 a 910. Alguns outros decretos-leis foram editados para regular matéria trabalhista, na época em que a Constituição permitia as referidas normas: n. 691/69, sobre técnicos estrangeiros; n. 779/69, que traz regra trabalhista para os entes públicos: a presunção relativa de validade dos recibos de quitação ou demissões de seus empregados ainda que não tenham sido submetidos à assistência da autoridade do Ministério do Trabalho ou dos sindicatos. Os arts. 611 a 625, que versam sobre convenção coletiva de trabalho, foram alterados pelo Decreto-Lei n. 229/67. O capítulo de férias da CLT foi alterado pelo Decreto-Lei n. 1.535/77.

Leis delegadas são elaboradas pelo presidente da República, que deverá solicitar a delegação ao Congresso Nacional (art. 68 da Constituição).

A medida provisória não apreciada pelo Congresso Nacional podia, até a Emenda Constitucional n. 32/98, ser reeditada dentro do seu prazo de eficácia de trinta dias, mantidos os efeitos de lei desde a primeira edição (Súmula 651 do STF).

Permite o art. 62 da Constituição que, em casos de relevância e urgência, o presidente da República edite medidas provisórias, com força de lei, devendo submetê-las de imediato ao Congresso Nacional. Têm validade por 60 dias, podendo ser prorrogados por mais 60 dias.

O legislador constituinte foi se abeberar no art. 77 da Constituição italiana para redigir o art. 62 da Constituição. O referido preceito tem a seguinte redação: "Em caso de relevância e urgência, o Presidente da República poderá adotar medidas provisórias, com força de lei, devendo submetê-las de imediato ao Congresso Nacional". O Congresso Nacional pode regular por lei as relações jurídicas criadas com base em decretos não convertidos.

O presidente da República tem expedido muitas medidas provisórias sobre questões trabalhistas, tais como as relativas ao salário mínimo, ao trabalho a tempo parcial, à suspensão temporária para qualificação profissional, à participação nos lucros, ao FGTS e seguro-desemprego do empregado doméstico. O Poder

Executivo legisla por meio dessas normas[5], que muitas vezes não têm nenhuma relevância ou urgência.

O Supremo Tribunal Federal entende que as medidas provisórias configuram, no direito constitucional positivo brasileiro, uma categoria especial de atos normativos primários emanados do Poder Executivo, que se revestem de força, eficácia e valor de lei (*RTJ* 146/707-738). A medida provisória não rejeitada expressamente pode ser reeditada (RE 222.719/PB, Rel. Min. Carlos Velloso, *Informativo STF* de 7 de abril 1999, n. 143, *DJU* 26-3-1999). Não perde eficácia a medida provisória, com força de lei, não apreciada pelo Congresso Nacional, mas reeditada, por meio de nova medida provisória, dentro de seu prazo de validade de 30 dias (Pleno, RE 232.896-3/PA, Rel. Min. Carlos Velloso, j. 2-8-1999, *DJU* 1 de 1-10-1999, p. 52). Se a medida provisória for convertida em lei, sem alteração, tem continuidade na lei convertida, existindo elo entre a medida provisória e a lei dela decorrente (Ação Direta de Inconstitucionalidade 691/TO/TP, *RTJ* n. 140/797). Caso a medida provisória seja rejeitada, os dispositivos revogados voltarão a ter eficácia plena, sem que este fato importe em repristinação (ADIn 1.204/DF, voto do Min. Néri da Silveira, *RTJ* 157/867).

Os decretos legislativos servem para regular matérias de competência exclusiva do Congresso Nacional (art. 49 da Constituição) com efeitos externos. Independem de sanção e de veto. Em matéria trabalhista, os decretos legislativos são editados para aprovar tratados internacionais e as Convenções da Organização Internacional do Trabalho.

As resoluções são utilizadas para regular matéria de competência do Congresso Nacional e de suas casas, tendo efeitos internos. Os regimentos internos são aprovados por resoluções. O § 2º do art. 68 da Constituição determina que a delegação ao presidente da República terá a forma de resolução do Congresso Nacional, que especificará seu conteúdo e os termos de seu exercício.

Não existe exatamente hierarquia entre as leis, salvo quando uma norma tiver o fundamento de validade em outra. Na maioria dos casos, a Constituição reserva determinadas matérias para certos tipos de lei. Especifica, portanto, competências, definindo que tipo de norma irá complementá-la. A Constituição,

---

5. Segundo a Casa Civil da Presidência da República, no governo do presidente José Sarney foram editadas 147 medidas provisórias, sendo 125 originárias. No governo do presidente Fernando Collor foram editadas 160 medidas provisórias, sendo 87 originárias. No governo do presidente Itamar Franco foram editadas 505 medidas provisórias, sendo 141 originárias. Nos primeiros quatro anos do governo do presidente Fernando Henrique Cardoso foram editadas 2.610 medidas provisórias, sendo 160 originárias. No segundo mandato do mesmo presidente foram editadas 205 medidas provisórias. No primeiro mandato do governo Lula foram editadas 58 em 2003; 73 em 2004; 42 em 2005; 61 em 2006; totalizando 239. No segundo mandato do governo Lula foram editadas 53 até outubro de 2007. Bolsonaro editou 283 medidas provisórias.

porém, é hierarquicamente superior às demais normas, pois prescreve o processo de elaboração das leis, o campo em que estas irão atuar.

12.4 LEGISLAÇÃO ESTRANGEIRA

No México, a Lei Federal de Trabalho, de 1969, regula as relações individuais e coletivas entre trabalhadores e empregadores.

Na Alemanha, lei de 10 de agosto de 1951 trata da proteção contra a dispensa. Lei de 11 de janeiro de 1952 versa sobre a organização do estabelecimento (*Betriebsverfassungsgesetz*). Lei de 4 de maio de 1976 especifica determinações sobre cogestão. Muitas questões são reguladas pelas convenções coletivas de trabalho.

Na Argentina, a norma que regula o contrato de trabalho é a Lei n. 20.744, de 20 de setembro de 1974. O Decreto n. 390, de 13 de maio de 1976, ordena o regime de contrato de trabalho. Existem várias outras leis esparsas, como a Lei Nacional de Emprego, de n. 24.013, de 13 de novembro de 1991, e decretos que tratam de questões trabalhistas.

Na Espanha, o Estatuto dos Trabalhadores, de 1980, foi alterado por várias reformas, tendo 92 artigos e mais disposições transitórias, adicionais e finais.

Na França, existe o Código do Trabalho, que já foi alterado em várias oportunidades, além de legislação esparsa e atos editados pelo Poder Executivo.

Na Itália, a Lei n. 300, de 20 de maio de 1970, versa sobre normas de tutela da liberdade e dignidade dos trabalhadores, da liberdade sindical e da atividade sindical nos locais de trabalho e normas sobre colocação. É chamada de Estatuto dos Direitos dos Trabalhadores. A Lei n. 903, de 9 de dezembro de 1977, disciplina a paridade de tratamento entre homens e mulheres em matéria de trabalho. Especifica a Lei n. 146, de 12 de junho de 1990, normas sobre o exercício do direito de greve nos serviços públicos e essenciais. Há muitas normas determinando questões trabalhistas, pois várias delas são resolvidas pelos contratos coletivos de trabalho.

No Paraguai, a Lei n. 213, de 29 de outubro de 1993, estabeleceu o Código do Trabalho, prevendo disposições sobre direitos individuais, tutelares e coletivos do trabalho. Existe um Código Processual do Trabalho, que é a Lei n. 742, de 31 de agosto de 1961.

Em Portugal, a Lei n. 7, de 12 de fevereiro de 2009, aprova a revisão do Código do Trabalho. Substitui o Código do Trabalho anterior, que tinha sido aprovado pela Lei n. 99, de 27 de agosto de 2003. Existe um Código de Processo do Trabalho (Decreto-Lei n. 480, 9 de novembro de 1999).

12.5 REGULAMENTAÇÃO

Muitas leis remetem a sua regulamentação ao Poder Executivo, o que é, geralmente, feito por decreto. No Brasil, o inciso IV do art. 84 da Constituição reza que compete ao presidente da República expedir decretos e regulamentos para a execução das leis. Várias normas legais trabalhistas estabelecem que o Poder Executivo irá regulamentá-las. Exemplos: a) a Lei n. 8.036, de 11 de maio de 1990, versa sobre o Fundo de Garantia do Tempo de Serviço (FGTS). O art. 31 determinou que o Poder Executivo deveria expedir o regulamento da referida norma em 60 dias, o que ocorreu com o Decreto n. 99.684, de 8 de novembro de 1990; b) a Lei n. 9.601, de 21 de janeiro de 1998, dispõe sobre o contrato de trabalho por tempo determinado. Seu art. 8º reza que o Poder Executivo regulamentará a referida norma no prazo de 30 dias, culminando com o Decreto n. 2.490, de 4 de fevereiro de 1998. Ressalte-se que, no Brasil, existe competência privativa da União para legislar sobre Direito do Trabalho (art. 22, I, da Constituição).

A Lei Orgânica do Trabalho da Venezuela, de 1990, especificou no art. 13 que se concedem ao Poder Executivo "as mais amplas faculdades para regulamentar as disposições legais em matéria de trabalho". "Quando no interesse público e a urgência assim o exigir, o Executivo nacional, por decreto do Presidente da República, em Conselho de Ministros, poderá estabelecer cláusulas irrenunciáveis em benefício dos trabalhadores e da economia nacional, que serão consideradas como integrantes do contrato de trabalho" (parágrafo único).

13
CONTRATO DE TRABALHO

Indica o art. 8º da CLT que as disposições contratuais são fontes do Direito do Trabalho, pois faz menção a disposições contratuais, que criam direitos e obrigações para empregados e empregadores. No contrato de trabalho são estabelecidas regras diversas das previstas na legislação, mas para melhorar as condições de trabalho.

Essas disposições contratuais devem, porém, observar o próprio ordenamento jurídico, como regras gerais de validade da contratação, de capacidade etc. O contrato de trabalho deve ser pactuado em consonância com a ordem jurídica, para que possa ter validade.

Estabelece o art. 102 do Código Civil que a validade do ato jurídico depende de agente capaz, objeto lícito e forma prescrita ou não defesa em lei.

Determina o inciso XXXIII do art. 7º da Lei Magna, na redação da Emenda Constitucional n. 20/98, que o menor de 16 anos não pode trabalhar, salvo na condição de aprendiz e a partir dos 14 anos. Mesmo se o menor trabalhar antes dos 16 anos, o vínculo de emprego será reconhecido, pois não poderão as partes voltar ao estado anterior. Não poderá ser devolvida a energia gasta pelo trabalhador, nem a norma poderá ser interpretada em prejuízo do menor.

Reza o art. 444 da CLT que as relações contratuais de trabalho podem ser objeto de livre estipulação das partes interessadas em tudo quanto não contravenha às disposições de proteção ao trabalho, aos contratos coletivos[1] que lhe sejam aplicáveis e às decisões das autoridades competentes.

Apesar de as partes serem livres para contratar, segundo o art. 444 da CLT, devem observar as normas de ordem pública descritas no ordenamento jurídico, como as normas de proteção ao trabalho, que ficam fora da autonomia da vontade dos envolvidos. Seriam normas de proteção ao trabalho, por exemplo, as relativas ao trabalho do menor e da mulher, sobre férias, repouso semanal remunerado, segurança e medicina do trabalho. O Estado, nesses casos, limita a autonomia

---
1. Hoje, convenções e acordos coletivos, segundo a redação dada aos arts. 611 a 625 da CLT pelo Decreto-Lei n. 229/67. O art. 444 da CLT, por exemplo, não teve sua redação atualizada, conforme o Decreto-Lei n. 229. Houve esquecimento do legislador.

da vontade das partes, estipulando regras mínimas e obrigatórias em matéria trabalhista, passando a integrar o contrato de trabalho.

Não será nulo todo o contrato de trabalho, caso uma ou algumas de suas cláusulas contrarie o ordenamento jurídico, mas apenas as cláusulas que não observarem as prescrições legais. A cláusula contrária ao ordenamento jurídico estatal é substituída por este, deixando de ser aplicada. É como se não estivesse escrita.

As decisões das autoridades competentes também limitam a autonomia da vontade das partes em contratar condições de trabalho. Um ato administrativo do Ministério do Trabalho impede a livre disposição das partes de ajustar condições de trabalho. É o que ocorre em relação a questões de insalubridade, em que o art. 190 da CLT dispõe que o Ministério do Trabalho aprovará o quadro das atividades e operações insalubres, adotando normas sobre os critérios caracterizadores da insalubridade, os limites de tolerância aos agentes agressivos, meios de proteção e o tempo máximo de exposição do empregado a esses agentes. Essas regras são determinadas pela NR 15 da Portaria n. 3.214/78. Normas estabelecidas pelas partes em sentido contrário não terão validade.

A elaboração do contrato de trabalho tanto poderá ser expressa, sendo verbal ou escrita, como tácita (art. 443 da CLT). A existência do contrato de trabalho tácito decorre da prestação de serviços do empregado ao empregador, sem oposição deste último e sem que tenham sido ajustadas condições de trabalho.

14
REGULAMENTO DE EMPRESA

14.1 INTRODUÇÃO

No início da Revolução Industrial, os regulamentos de empresa eram chamados de regulamentos de oficina. Previam disposições sobre as condições de trabalho impostas pelo patrão ao trabalhador. Era a lei do patrão. Tinham força obrigatória, por determinação legal, como na Itália, em 1924.

Origina-se o regulamento de empresa da prática, do costume em estabelecer regras de trabalho a serem aplicáveis no âmbito interno da empresa.

14.2 DENOMINAÇÃO

Tem o regulamento de empresa várias denominações.

Nos países de língua espanhola é utilizada a expressão *reglamento de taller*. No Paraguai, usa-se a expressão *regulamento interno*.

Na França, a denominação empregada é *réglement d'atélier*.

São usadas várias expressões na Itália, como *regolamento aziendale, regolamento di azienda, regolamento di fabrica*.

Em Português são encontradas várias denominações, como regulamento de comércio, regulamento de ordem, regulamento de ordem interior, regulamento interno, regulamento de trabalho, regulamento de fábrica ou regulamento de serviço.

A denominação *regulamento de empresa* é a mais empregada, mostrando que diz respeito às regras internas a serem observadas no âmbito da empresa e não apenas no estabelecimento.

A utilização das expressões *regulamento de comércio, de indústria, de fábrica, de serviços* retrata apenas o ramo de atividade da empresa e não exatamente o seu conteúdo.

14.3 CONCEITO

Conceitua o art. 350 do Código de Trabalho do Paraguai que o regulamento de empresa é o conjunto de disposições obrigatórias acordadas por igual número de representantes do empregador e de seus trabalhadores, destinado a regular a ordem, a disciplina e a seguridade, necessários para assegurar a produtividade da empresa e a boa execução dos serviços nos locais de trabalho.

14.4 DISTINÇÃO

Difere o regulamento de empresa do quadro de carreira. O último estabelece os critérios para promoções na empresa, o que é feito por antiguidade e merecimento. O regulamento de empresa pode abranger o quadro de carreira, que estaria contido no primeiro, assim como o plano de cargos e salários. No quadro de carreira não são estabelecidas condições de trabalho, de funcionamento do estabelecimento, que são matérias inerentes ao regulamento da empresa.

14.5 FONTE FORMAL

O regulamento de empresa pode ser considerado como fonte formal do Direito do Trabalho? Sim, pois nele são fixadas condições de trabalho, estabelecendo direitos e obrigações para empregados e empregadores, ainda que o regulamento de empresa seja imposto pelo empregador, sem participação dos empregados.

Tem o regulamento origem autônoma, extraestatal. Não representa fonte heterônoma, em que haveria regras impostas pelo Estado.

Evaristo de Moraes Filho ensina que, pelo fato de serem estabelecidas condições de trabalho no regulamento, este vem a ser uma fonte normativa do Direito do Trabalho, pois suas cláusulas aderem ao contrato de trabalho[1].

Assevera a maioria da doutrina que o regulamento de empresa é uma fonte do Direito do Trabalho, como Amauri Mascaro Nascimento[2], Arion Sayão Ro-

---

1. MORAES FILHO, Evaristo. *Introdução ao direito do trabalho*. São Paulo: LTr, 1991, p. 141.
2. NASCIMENTO, Amauri Mascaro. *Iniciação ao direito do trabalho*. 18. ed. São Paulo: LTr, 1992, p. 54-55.

mita[3], Carlos Alberto Barata Silva[4], Hugo Gueiros Bernardes[5], Mozart Victor Russomano[6], Octavio Bueno Magano[7], Orlando Gomes e Elson Gottschalk[8].

14.6 CLASSIFICAÇÃO

O regulamento de empresa, quanto à sua elaboração, é dividido em unilateral, quando é imposto pelo empregador, e bilateral, quando empregados e empregadores estabelecem as suas regras.

O ideal é que os empregados possam participar da elaboração dos regulamentos das empresas, tornando-os democráticos. Não é necessário que o sindicato participe da elaboração do regulamento.

Os regulamentos de empresa podem ser divididos quanto à natureza em públicos ou privados. Serão públicos se provenientes do Estado. Serão privados quando forem estabelecidos por empregado e empregador ou somente pelo último, sem participação do Estado.

Quanto à obrigatoriedade, os regulamentos podem ser obrigatórios ou facultativos. Nos primeiros, a lei estabelece que devem ser criados pelo empregador. Nos segundos, a legislação não impõe a sua criação, sendo livremente determinados pelos interessados.

No que diz respeito à validade, os regulamentos podem depender ou não de homologação pelo Poder Público. No Brasil, isso não ocorre.

14.7 GENERALIDADES

A legislação brasileira não conceitua o regulamento de empresa, nem estabelece especificamente o seu conteúdo. São encontrados alguns dispositivos isolados tratando do tema. Dispõe o art. 144 da CLT que o abono de férias concedido em regulamento de empresa, desde que não excedente de 20 dias de salário, não integrará a remuneração do empregado para nenhum efeito. Reza o

---

3. ROMITA, Arion Sayão. Regulamento interno. Cláusulas de garantia contra rotatividade no emprego e contra a despedida arbitrária. Estabilidade. Reintegração. *Sindicalismo. Economia. Estado Democrático*: estudos. São Paulo: LTr, 1993, p. 207-209.
4. SILVA, Carlos Alberto Barata. *Compêndio de direito do trabalho*. São Paulo: LTr, 1976, p. 127.
5. BERNARDES, Hugo Gueiros. *Direito do trabalho*. São Paulo: LTr, 1989, v. I, p. 89.
6. RUSSOMANO, Mozart Victor. *O empregado e o empregador no direito brasileiro*. 5. ed. São Paulo: LTr, 1976, p. 86-87.
7. MAGANO, Octavio Bueno. *Manual de direito do trabalho*: direito individual do trabalho. 4. ed. São Paulo: LTr, 1991, p. 105.
8. GOMES, Orlando; GOTTSCHALK, Elson. *Curso de direito do trabalho*. 4. ed. Rio de Janeiro: Forense, 1995, p. 50.

parágrafo único do art. 391 da CLT que é vedado o regulamento fazer qualquer restrição quanto ao direito da mulher ao seu emprego, por motivo de casamento ou de gravidez.

A jurisprudência do TST faz referência a normas regulamentares da empresa em algumas das súmulas: 51, 72, 77, 84, 87, 92, 97, 186, 288, 313.

Não é obrigatório o regulamento de empresa em Portugal. As empresas que o elaborarem devem submetê-lo à aprovação do Instituto Nacional do Trabalho e Previdência, devendo ser ouvidas as comissões corporativas. Determina o art. 39.3 do Decreto-Lei n. 49.408 que, se no prazo de 30 dias, a contar da entrada no serviço competente, não forem objeto de despacho, seja pelo deferimento ou indeferimento, serão considerados aprovados. Esclarece o art. 39.4 da mesma norma que na hipótese de a empresa ter regulamento interno, aprovado pela autoridade competente, o conteúdo do regulamento deve ser tornado público e afixado na sede da empresa e nos locais de trabalho, de modo que os trabalhadores possam, a qualquer momento, ter conhecimento do seu conteúdo.

Na França, a Ordenança de 1945 tornou os regulamentos de empresa quase obrigatórios. Hoje, as empresas com mais de 20 empregados são obrigadas a possuir regulamento de empresa. O regulamento de empresa, para ser implantado, deve ser submetido à apreciação do Comitê Social e Econômico (art. L1321-4 do Código de Trabalho). O regulamento de empresa, porém, é elaborado pelo empregador, que o submete ao exame do Comitê (art. L. 1321-1).

No Uruguai, a elaboração do regulamento interno da empresa é feita pelo empregador, porém os juízes exercem controle sobre sua regularidade e sobre a forma de sua aplicação[9].

Na Itália, o regulamento de empresa será submetido à comissão interna da empresa, não sendo elaborado exclusivamente pelo empregador. É, portanto, bilateral.

A Lei Federal do Trabalho do México, de 1970, estabelece no art. 474, I, que o regulamento interno de trabalho será formulado por uma comissão mista de representantes dos trabalhadores e do patrão. Afirma Euquerio Gerrero que "o regulamento interno do trabalho tem as características funcionais de lei e sua expedição constitui um ato legislativo"[10].

Na Alemanha, a lei de organização do estabelecimento, de 15 de janeiro de 1972, no § 77, I, 1, prevê a celebração do acordo de empresa por ajuste entre o empregador e a representação do pessoal, que é o conselho de estabelecimento.

---

9. BARBAGELATA, Héctor-Hugo. *Derecho del trabajo*. 2. ed. Montevideo: 1995, t. I, v. I, p. 168-169.
10. GUERRERO, Euquerio. *Manual de derecho del trabajo*. 9. ed. México: Porrúa, 1977, p. 326.

Determina o § 29 da lei austríaca sobre a organização do trabalho, declarando que o acordo de empresa é celebrado conjuntamente entre o empregador e o órgão do pessoal. O órgão pode ser o conselho de estabelecimento.

Na Suíça, o acordo de empresa é estabelecido mediante ajuste entre o empregador e a representação dos trabalhadores, por eles livremente eleita, conforme o disposto no item 4 do art. 37 da lei do trabalho (*Arbeitgesetz*, de 1966).

No Paraguai, o art. 351 do Código do Trabalho determina que o empregador está autorizado a formular diretamente as normas administrativas e técnicas relativas ao melhoramento da produtividade e ao devido funcionamento da empresa, por meio do regulamento interno. O regulamento interno será feito como for estabelecido no contrato coletivo, contendo: a) hora de entrada e saída, assim como a forma de marcação do ponto e do intervalo; b) dias e horas fixadas para ser feita a limpeza das máquinas, aparatos e locais de trabalho; c) indicações para evitar acidentes e outros riscos profissionais; d) trabalhos insalubres e perigosos que não devem desempenhar os menores de 18 anos de idade e as mulheres grávidas e em período de amamentação; e) dia e lugar de pagamento do salário; f) forma e tempo em que os trabalhadores irão se submeter a exames médicos; g) sanções disciplinares, que serão notificadas ao trabalhador e comunicadas à autoridade administrativa do trabalho; h) designação de representantes da empresa e do empregador; i) prazo de validade do regulamento (art. 352). Todo empregador com mais de 10 trabalhadores contará com regulamento interno homologado para aplicar as sanções de suspensão e de transferência de local de trabalho (art. 354). Será inválida a disposição do regulamento que contrarie a lei, o contrato de trabalho e os regulamentos de higiene, seguridade e salubridade (art. 355). O regulamento deve ser apresentado à autoridade competente nos oito dias após subscrito para homologação (art. 356). Deverá o regulamento estar impresso ou escrito com caracteres facilmente legíveis, sendo afixado nos lugares mais visíveis do estabelecimento e das suas dependências.

Hoje, existem regulamentos de empresa que acabam estabelecendo novos direitos aos trabalhadores, diversos até dos previstos na lei, determinando melhores condições de trabalho do que a previsão legal ou contratual.

Há regulamentos de instituições financeiras e de empresas estatais que estabelecem complementação de aposentadoria.

Em alguns países, a possibilidade de criação de normas de trabalho fica determinada a órgãos internos das empresas, como comissões paritárias, mistas, poderes esses que eram anteriormente de competência dos empregadores. É o que ocorre no México, conforme os arts. 422 e 424 da Lei Federal do Trabalho e em Honduras, conforme o art. 87 do Código do Trabalho. As comissões de empregados podem estabelecer em conjunto com o empregador certas condições de trabalho.

Nos regulamentos de empresa são, portanto, estabelecidas normas e condições de trabalho aplicáveis à relação de emprego. Indica, assim, uma das formas de pluralidade de normas trabalhistas, que não são originárias apenas do Estado.

15
SENTENÇAS

15.1 SENTENÇA

Sentença é o pronunciamento por meio do qual o juiz, com fundamento nos arts. 485 e 487 do CPC, põe fim à fase cognitiva do procedimento comum, bem como extingue a execução (§ 1º do art. 203 do CPC). Decisão interlocutória é o ato pelo qual o juiz, no curso do processo, resolve questão incidente. São despachos todos os demais pronunciamentos do juiz praticados no processo, de ofício ou a requerimento da parte (§ 3º do art. 203 do CPC).

A sentença também estabelece norma de conduta a ser seguida pelas partes numa relação processual. Tem natureza de norma jurídica individualizada[1], válida para o caso concreto que foi submetido à apreciação do Poder Judiciário.

Na Argentina, há jurisprudência da Suprema Corte dizendo que as mudanças de interpretação não são aptas a conferir "nova vida a direitos devidamente extintos, nem criam direitos considerados como inexistentes em seu momento, conforme a interpretação dominante naquela época"[2].

No Brasil, a orientação determinada pelas súmulas dos tribunais não é obrigatória para os juízes, mas serve de parâmetro para decisão. Prevê o § 2º do art. 102 da Constituição que "as decisões definitivas de mérito, proferidas pelo Supremo Tribunal Federal, nas ações declaratórias de constitucionalidade de lei ou ato normativo federal, produzirão eficácia contra todos e efeito vinculante, relativamente aos demais órgãos do Poder Judiciário e ao Poder Executivo".

15.2 SENTENÇA NORMATIVA

A sentença normativa, apesar de ser uma fonte estatal de produção de Direito, cria condições de trabalho, quando do julgamento dos dissídios coletivos.

---

1. NASCIMENTO, Amauri Mascaro. *Teoria da norma jurídica trabalhista*. São Paulo: LTr, 1976, p. 33.
2. KROTOSCHIN, Ernesto. *Tratado teórico-práctico de derecho del trabajo*. 3. ed. Buenos Aires: Depalma, 1977, t. I, p. 70-71.

Afirma Evaristo de Moraes Filho que a sentença normativa é uma das duas fontes típicas do Direito do Trabalho. Representa ela a solução jurisdicional do conflito coletivo do trabalho[3].

Esclarece Oliveira Viana que a sentença normativa é uma fonte de direito peculiar ao Direito do Trabalho[4], em razão de ser uma forma de exteriorização da matéria.

Tem a sentença normativa natureza de ato jurisdicional, pois somente é determinada quando há provocação dos tribunais trabalhistas para dirimir a relação coletiva num processo de dissídio coletivo. Não se trata de ato legislativo, pois este é emanado do Poder Legislativo, mediante sistema próprio para esse fim.

Na sentença normativa são criadas, modificadas e extintas condições de trabalho. As regras nela estabelecidas passam a ter incidência sobre os contratos de trabalho dos empregados que foram representados pelos sindicatos de trabalhadores. Importa, portanto, o estabelecimento de normas que aderem ao contrato de trabalho. Pode também a sentença normativa ter conteúdo declaratório, de declarar a existência ou inexistência de certa relação jurídica (art. 19, I, do CPC) ou a interpretação de determinada norma.

As condições de trabalho criadas valem, geralmente, para a categoria, mas podem dizer respeito a uma ou mais empresas, como nos dissídios coletivos de greve, em que são partes o sindicato dos trabalhadores e uma determinada empresa.

Obriga a sentença normativa as pessoas envolvidas na relação processual, que geralmente são os sindicatos de trabalhadores e de empregadores. No caso da não observância das condições de trabalho nela contidas, é possível ao empregado ou ao sindicato ajuizar a ação de cumprimento (art. 872 da CLT). São também estabelecidas multas pelo descumprimento da sentença normativa.

---

3. MORAES FILHO, Evaristo; MORAES, Antonio Carlos Flores de. *Introdução ao direito do trabalho*. 7. ed. São Paulo: LTr, 1995, p. 168.
4. VIANA, Oliveira. *Problemas de direito corporativo*. Rio de Janeiro: José Olympio, 1938, p. 101.

16
USOS E COSTUMES

16.1 HISTÓRICO

Na reiterada aplicação de certo costume pela sociedade é que se pode originar a norma legal.

Antecedeu o costume à lei, pois os povos não conheciam a escrita. O direito costumeiro era ligado à religião, e as modificações eram feitas muito lentamente.

A Lei das XII Tábuas é uma espécie de consolidação de usos e costumes do povo do Lácio. Era esculpida na tábua, para conhecimento de todos, o que o poder do costume tinha revelado.

A Lei da Boa Razão, de 18 de agosto de 1769, só admitia o costume se não fosse contra a lei, se fosse racional, não contrariasse os princípios da justiça, além de ter cem anos de existência. Com o Código Civil de 1916, o costume passou a ter apenas função supletiva e interpretativa.

Nos países que adotam o sistema do *common law*, não existe lei escrita. As normas são decorrentes dos costumes e da tradição. Há os precedentes judiciais, que influenciam outras decisões. É um direito originário das decisões judiciais: *judge made law*.

Oliveira Viana indica que no começo do século havia alguns ordenamentos jurídicos reguladores da atividade das múltiplas profissões, como os do comércio urbano, principalmente do pequeno comércio; o trabalho marítimo e da estiva, o direito costumeiro das relações de trabalho das populações pescadoras. Essas regras, muitas vezes, acabaram passando para a própria lei[1].

As sociedades modernas passaram a se utilizar das leis, sendo que o costume passou a ocupar posição secundária entre as fontes do Direito.

---

1. VIANA, Oliveira. *Instituições políticas brasileiras*. Rio de Janeiro: José Olympio, 1949, p. 15.

16.2 DENOMINAÇÃO

Os romanos usavam a palavra *consuetudo* para significar costume. Empregavam também a palavra *mores*, que indica os costumes em geral e *mores maiorum* para designar os costumes dos antepassados.

Em muitas legislações usam-se indistintamente as palavras "uso" e "costume". Em outras legislações utiliza-se a expressão "usos e costumes", como na brasileira e na espanhola.

16.3 CONCEITO

O costume é a vontade social decorrente de uma prática reiterada, de certo hábito, do seu exercício.

16.4 DISTINÇÃO

O uso envolve o elemento objetivo do costume, que é a reiteração na sua utilização. A observância do uso não é, porém, sempre garantida. No uso nem sempre há o elemento subjetivo da *opinio iuris*, da convicção da sua obrigatoriedade pelas pessoas. O costume tem valor normativo e existe sanção pelo seu descumprimento, que pode até mesmo ser moral. O uso não é fonte do direito objetivo, enquanto o costume tem essa característica, não podendo deixar de ser observado. Na Espanha, o uso de empresa é considerado como condição do contrato de trabalho ou serve de interpretação da declaração de vontade, mas não tem natureza de fonte (art. 1º, n. 3, do Código Civil).

Distingue-se a lei do costume, pois a primeira é escrita.

Surge o costume da prática de certa situação. Não tem forma prevista ou é escrito, nem é controlado. Perde a sua vigência pelo desuso, pois é decorrência da sua eficácia[2]. Não tem prazo certo de vigência.

O costume é espontâneo, sendo elaborado e cumprido pelo grupo.

A lei é decorrente do Poder Legislativo, tendo um processo técnico para a sua elaboração, sendo escrita. O costume não se promulga, é criado, formado no curso do tempo.

Adapta-se o costume à realidade, correspondendo a ela, pois, do contrário, desaparece. A lei, de modo geral, é rígida diante da realidade social evolutiva, perdendo, muitas vezes, correspondência com a realidade.

---

2. REALE, Miguel. *Lições preliminares de direito*. 23. ed. São Paulo: Saraiva, 1996, p. 156-157.

Havendo um conflito entre a lei e o costume, prevalece a primeira.

Se o ato deve ser observado por sua consciência, sujeita-se a uma regra moral. Se deve ser observado por todos, é uma regra jurídica ou costume com eficácia jurídica.

16.5 CARACTERÍSTICAS

Só haverá o costume jurídico quando: a) seja habitual um comportamento durante certo período; b) esse comportamento obrigue a consciência social.

No costume há dois fatores: a) objetivo: que é o seu uso prolongado; b) subjetivo: a convicção jurídica e a certeza de sua imprescindibilidade (*opinio iuris est necessitatis*).

Torna-se o costume Direito quando as pessoas que o praticam reconhecem-lhe a obrigatoriedade, como se fosse uma lei.

Não basta, porém, que haja um uso prolongado do costume, mas que seja observado pelas pessoas obrigatoriamente.

Muitas vezes, é do costume que acaba surgindo a norma legal, servindo de base para a criação desta última regra.

16.6 CLASSIFICAÇÃO

Classifica-se o costume em: a) *extra legem* (fora da lei) ou *praeter legem*, que atua na hipótese de lacuna da lei (art. 4º da Lei de Introdução às Normas do Direito Brasileiro); b) *secundum legem*, segundo o que dispõe a lei e que a interpreta; c) *contra legem*, que contraria o disposto na norma legal, como pelo desuso da norma diante da realidade ou pelo costume ab-rogatório, que cria uma nova regra.

Manoel Alonso García classifica o costume: a) de nascimento independente, dando o exemplo de disposições expressas que atribuem ao uso ou ao costume a função de fonte reguladora das condições do contrato de trabalho; b) costume ao qual remete a lei; c) costume só aplicável na falta da lei[3].

Pode o costume ser proveniente de determinado lugar, onde é observado, ou de certo ofício ou profissão, tendo característica profissional.

---

3. ALONSO GARCÍA, Manoel. *Curso de derecho del trabajo*. 5. ed. Barcelona: Ariel, 1975, p. 182-184.

16.7 FUNÇÕES

As funções do costume são: a) supletiva ou integrativa, em que serve para suprir as lacunas da lei: b) interpretativa, aclarando o conteúdo da norma legal.

16.8 LEGISLAÇÃO ESTRANGEIRA

Na Argentina, o art. 17 do Código Civil estabelece que os usos e costumes são fontes do direito na falta da lei e também quando a lei a eles se refere. Indica, no primeiro caso, que o costume é forma de integração da norma jurídica, atuando de forma supletiva.

Os costumes, usos e práticas mercantis são levados em conta para determinar o sentido das palavras ou expressões técnicas do comércio e para interpretar atos ou convenções mercantis, como determinam o art. 217 e o inciso 6 do art. 218 do Código do Comércio.

99. No direito espanhol, o costume é fonte do Direito. O art. 1º do Código Civil determina que o costume é fonte do ordenamento jurídico espanhol. São costumes os usos jurídicos que não sejam meramente interpretativos de uma declaração de vontade (art. 1º). Tem o costume função subsidiária da lei, sendo aplicável apenas na sua falta. O costume não pode derrogar a lei (art. 2º).

Dispõe o Estatuto dos Trabalhadores que os usos e os costumes são fontes do contrato de trabalho (art. 3º), na falta de disposições legais, convencionais ou contratuais, a não ser que exista uma recepção ou remissão expressas.

Alonso Olea e Casas Baamonde lecionam que o costume deve ser local e profissional. Não vale como costume o dos trabalhadores em geral de determinada localidade, mas apenas o dos trabalhadores de uma localidade num certo ramo da produção ou num ofício ou profissão. Entendem, ainda, que a referência do Estatuto dos Trabalhadores diz respeito aos costumes "normativos". Pode, porém, o costume ser excluído por pactos coletivos ou individuais. Indicam alguns exemplos de costumes referendados pela Justiça, como: a) na indústria têxtil, em que os trabalhadores semanais que ficarem doentes irão continuar a receber seus salários; b) na hotelaria do interior, os empregados que tenham contato direto com os clientes, em restaurantes e bares, devem apresentar-se barbeados, sem bigode ou barba[4].

Na França, os usos são observados nas lacunas da legislação e quando a lei a eles remete o intérprete.

---

4. ALONSO OLEA, Manuel; CASAS BAAMONDE, Maria Emilia. *Derecho del trabajo*. 10. ed. Madrid: Facultad de Derecho, 1988, p. 606.

Jean Claude Javillier declara que o caráter obrigatório do hábito (*opinio necessitatis*) só é necessário quanto aos costumes imperativos, e não na hipótese de usos convencionais a que as partes de um contrato podem submeter-se expressamente[5].

O art. 9º do Código Civil uruguaio reza que o costume não constitui direito, a não ser nos casos em que a lei a ele se remete. No sistema uruguaio, quem determina a obrigatoriedade do costume é a lei. Não há força obrigatória.

Nos casos em que no arrendamento da obra não foi fixado o preço, observa-se o preço do costume (art. 1.834 do Código Civil).

Em razão de que não existe lei especial tratando do costume, aplica-se no Direito do Trabalho o art. 9º do Código Civil. Assim, o costume não é fonte formal do Direito do Trabalho.

Algumas leis trabalhistas remetem ao costume, como a Lei n. 15.996, de 17 de novembro de 1988, que se refere a horas extras.

A Sentença n. 2/86 do Tribunal de Apelações do Trabalho entendeu que se o empregador sustenta que o preço do serviço acordado é o do costume, deve fazer prova nesse sentido.

O Tribunal de Apelações do Trabalho julgou que "a mera repetição de um fato não cria direito algum", havendo necessidade de uniformidade e aquiescência (Sentenças n. 142/93, 158/93, 183/93). Em outro caso, entendeu-se que é preciso demonstrar que há continuidade subjacente na intenção presumível das partes (Sentença n. 203/92)[6].

16.9 DIREITO DO TRABALHO

Américo Plá Rodríguez afirma que uso e costume não se distinguem. Para este, basta o uso para ser obrigatório. Assevera o mestre que "no direito do trabalho desaparece esse segundo elemento de natureza psicológica, razão pela qual ambas as fontes (usos e costumes) se equiparam: daí concluir que toda prática repetida e contínua gera a obrigação de não se afastar dela, reduzindo os benefícios que, para o trabalho, resultam de sua aplicação"[7].

---

5. JAVILLIER, Jean Claude. *Derecho del trabajo*. 2. ed. Madrid: Instituto de Estudios Laborales y de la Seguridad Social, 1982, p. 55-56.
6. MANGARELLI, Cristina. Costume. In: PLÁ RODRÍGUEZ, Américo (Coord.). *Estudos sobre as fontes do direito do trabalho*. São Paulo: LTr, 1998, p. 176-177.
7. PLÁ RODRÍGUEZ, Américo. *Curso de derecho laboral*. 2. ed. Montevideo: Acali, 1979, t. I, v. I, p. 172.

Ernesto Krotoschin entende que o conceito de costume jurídico-trabalhista não difere do conceito de costume em geral[8].

A aplicação de uma prática mais benéfica não diz respeito exatamente ao costume, mas à observância do princípio da norma mais benéfica. Não basta, porém, a reiteração da situação, mas também que as pessoas observem a sua obrigatoriedade. No uso não há a *opinio iuris*, além do que inexiste a coercibilidade.

Dispõe o art. 4º da Lei de Introdução às Normas do Direito Brasileiro que, sendo a lei omissa, o juiz decidirá o caso de acordo com os costumes.

No Direito do Trabalho, no exercício de uma profissão verifica-se muitas práticas, que são antigas e que acabam sendo observadas posteriormente pela própria lei, como ocorre no trabalho rural e no marítimo.

Prevê o art. 8º da CLT que as autoridades administrativas e a Justiça do Trabalho, na falta de disposições legais e contratuais, decidirão, conforme o caso, de acordo com os usos e costumes, mas sempre de maneira que nenhum interesse de classe ou particular prevaleça sobre o interesse público. Indica o art. 8º da CLT que os usos e costumes são fontes supletivas, na falta de disposições legais e contratuais sobre questões trabalhistas.

A prática de cultuar a Deus no sétimo dia da semana levou à criação do repouso semanal remunerado, que, no nosso sistema, foi estabelecido pela Lei n. 605/49.

A greve também surge da prática de certos trabalhadores, na *Place de Grève*, na França, de paralisar temporariamente o trabalho, de forma a pressionar os empregadores na obtenção de determinadas vantagens trabalhistas.

A gorjeta também é exemplo de prática de pagamento em determinadas categorias.

No cotidiano empresarial, algumas regras são aplicadas reiteradamente, mas não estão disciplinadas na lei, implicando a reivindicação pelos próprios trabalhadores.

Era habitual comemorar o Dia do Trabalho em 1º de maio de cada ano, até que a Lei n. 662, de 6 de abril de 1949, considerou-o como feriado nacional.

Na Bélgica, o aviso prévio era costumeiro. Posteriormente, passou a ser regulado em lei.

O empregador, muitas vezes, adianta o salário no dia 15 de cada mês, não estando obrigado pela lei nesse sentido, mas o faz por força do costume. Em razão

---

8. KROTOSCHIN, Ernesto. Los usos y costumbres en el derecho del trabajo. *Revista Legislación del Trabajo*, ano XIX, n. 222, p. 483, jun. 1977.

da reiteração, há o dever de manter essa condição de trabalho, que se incorpora no contrato de trabalho e não pode ser modificada (art. 468 da CLT), inclusive por ser uma condição mais benéfica ao trabalhador. A Orientação Jurisprudencial 159 da SDI do TST mostra entendimento em sentido contrário: "diante da inexistência de previsão expressa em contrato ou em instrumento normativo, a alteração da data de pagamento pelo empregador não viola o art. 468, desde que observado o parágrafo único do art. 459, ambos da CLT".

Envolve a gratificação um pagamento espontâneo feito pelo empregador ao empregado, tendo por natureza o costume. Na Europa, os empregadores presenteavam seus empregados no final do ano com utilidades, nascendo a gratificação natalina. No Brasil, a prática reiterada de alguns empregadores de pagar uma gratificação natalina no final do ano tornou-a uma exigência dos trabalhadores, mais tarde passando a ser compulsória, o que foi feito pela Lei n. 4.090/62, dando origem à atual gratificação de Natal, chamada, na prática, de "13º salário".

O § 1º do art. 457 da CLT faz referência à gratificação ajustada, que pode tanto ser feita tácita como expressamente. O entendimento é de que deve haver habitualidade no pagamento da gratificação para que tenha natureza salarial e não possa ser retirada do salário. A Súmula 207 do STF mostra que "as gratificações habituais, inclusive a de Natal, consideram-se tacitamente convencionadas, integrando o salário". O fato de constar do recibo de pagamento que a gratificação tem caráter de liberalidade, não exclui a existência de ajuste tácito (Enunciado 152 do TST), não podendo ser suprimida pelo empregador.

As horas extras prestadas com habitualidade integram outras verbas, como férias, gratificação de Natal, FGTS, descanso semanal remunerado, aviso prévio, por força do costume no seu pagamento. A jurisprudência do TST é pacífica sobre o tema, como as Súmulas 24 (indenização), 45 (gratificação de Natal), 63 (FGTS), 94 (aviso prévio indenizado) 115 (gratificações semestrais), 151 (férias) e 172 (repouso semanal remunerado). A lei não previa, num primeiro momento, a integração de horas extras em outras verbas, que posteriormente passou a determinar esse pagamento. As alíneas *a* e *b* do art. 7º da Lei n. 605/49, conforme a redação dada pela Lei n. 7.415/85, passaram a especificar a integração das horas extras habituais no repouso semanal remunerado.

Enquanto a matéria não era regulada por lei, havia um costume *praeter legem*, que supria as lacunas da legislação.

103. A celebração do contrato de trabalho não precisa ser necessariamente feita por escrito, podendo ser regida por aquelas regras do costume, ou seja, do que foi acordado tacitamente pelas partes (art. 443 da CLT).

As utilidades (alimentação, vestuário, habitação, transporte etc.) só integram o salário se houver habitualidade no seu fornecimento, ou seja, por força do costume (art. 458 da CLT).

Prevê o art. 460 da CLT que, não sendo estipulado salário, o empregado terá direito de perceber importância igual à daquele que fizer serviço equivalente na mesma empresa, ou do que for pago habitualmente (costumeiramente) para serviço semelhante.

Determina o art. 5º da Lei n. 5.889/73 que, em qualquer trabalho contínuo de duração superior a seis horas, será obrigatória a concessão de um intervalo para repouso ou alimentação, observados os usos e costumes da região, não se computando este intervalo na duração do trabalho. O intervalo, segundo o costume da região, é reconhecido pela própria lei.

São os costumes chamados de *secundum legem*: os que a lei manda observar.

Nos países da *common law*, o Direito costumeiro obriga quando os precedentes judiciais o consagram, como ocorre na Inglaterra. Os precedentes judiciais são utilizados para casos semelhantes que irão ser julgados.

Os costumes *contra legem* são os contrários à lei. Seria o caso, por exemplo, de, em determinado lugar, serem concedidas férias em período inferior a 30 dias, aviso prévio inferior a 30 dias, adicional de periculosidade inferior a 30% do salário-base. A norma legal determina um mínimo, que não pode ser contrariado.

17
PACTOS SOCIAIS

17.1 DENOMINAÇÃO

No Direito Romano, outros entendimentos ou convenções, destituídos de eficácia, eram denominados de *pacta*. Muitos ajustes passaram a ser exigíveis por meio de certos aspectos adicionais, como os costumes, atos pretorianos e atos de império. O *pacta adjeta* envolvia ajustes acessórios aos contratos. Os *pacta pretoria* e *pacta legitima* dependiam de aval do imperador. O *pactum de non petendo* era a forma de extinção negociada das obrigações.

Na Espanha, a expressão "pactos coletivos" significa não apenas os pactos sociais, mas também outras espécies de compromissos informais[1].

É difícil explicar um pacto que não tenha natureza social, que não produza efeitos sobre a sociedade. Mesmo os pactos políticos têm natureza social, pois serão aplicados em relação à sociedade, além do que pode ser instituído algum pacto político que tenha repercussão sobre a área trabalhista.

17.2 CONCEITO

Pacto social é o negócio jurídico que tem por objetivo estabelecer determinações gerais para políticas a serem empregadas, de acordo com os interesses dos órgãos públicos, partidos políticos ou de outras pessoas[2].

17.3 DISTINÇÃO

A concertação social envolve as tratativas, as negociações entre as partes envolvidas, que têm como um dos resultados o pacto social. Este abrange o resul-

---

1. OJEDA AVILÉS, Antonio. *Derecho sindical*. Madrid: Tecnos, 1980, p. 377.
2. O conceito toma por base o empregado por Antônio Rodrigues de Freitas Jr., que declara que pacto social é "o negócio resultante de entendimentos de caráter político e/ou social, substantivos e/ou procedimentais, que tenham por propósito o estabelecimento de regras genéricas para políticas públicas e para o comportamento dos atores sociais, na conformidade com os interesses por estes veiculados por intermédio de órgãos públicos, de partidos políticos, ou de quaisquer entes capazes de expressar interesses sociais relevantes" (*Conteúdo dos pactos sociais*. São Paulo: LTr, 1993, p. 24).

tado dos entendimentos sobre questões políticas ou sociais sobre determinada matéria. A concertação social é um procedimento negocial.

17.4 CONTEÚDO

Os pactos sociais terão tanto regras relativas à matéria econômico-social, como procedimentos concernentes aos comportamentos das pessoas envolvidas.

17.5 CLASSIFICAÇÃO

Entre as várias classificações dos pactos sociais podem ser indicadas as seguintes: a) pactos sociais substantivos, em que são verificados temas sobre direitos materiais a serem alcançados, como política fiscal, monetária, salários, seguridade social; b) pactos sociais instrumentais, envolvendo procedimentos processuais para alcançar os objetivos das partes, como de tentar resolver conflitos coletivos de trabalho, por meio de negociação coletiva, arbitragem, mediação, conciliação.

17.6 PACTOS NA ÁREA TRABALHISTA

Os pactos sociais na área trabalhista também revelam o pluralismo do Direito do Trabalho, embora nem sempre sejam muito utilizados. Há a concertação entre o governo, os trabalhadores e os empregadores, e não a imposição de regras apenas pelo primeiro.

São os pactos resultados das crises econômicas por que passaram os países, sobretudo os países da Europa e mais especificamente a Espanha.

O pacto social pode conter regras trabalhistas, como outras questões: econômicas, de política fiscal.

Geralmente, os pactos procuram aumentar o crescimento econômico, assegurando a estabilidade de preços e salários, reduzindo o desemprego. Podem, ainda, especificar regras sobre as relações trabalhistas.

Suas normas não são dotadas de coação, no caso de descumprimento, pois apenas representam um compromisso entre as pessoas envolvidas, um ajuste de vontades, sem que exista sanção pela inobservância de suas regras.

Podem os pactos servir de fontes para elaboração de outras normas. Geralmente, o pacto tem âmbito nacional, podendo ser negociadas outras regras no âmbito estadual ou municipal ou servir de base para edição de lei regulando outras questões.

Na Espanha, houve vários pactos, sendo os primeiros os Pactos de Moncloa, em razão de serem constituídos por vários documentos, que deram origem ao *Programa de Saneamiento y Reforma de la Economía*. Foram subscritos em 25 outubro de 1977, por Adolfo Suárez, que era o presidente do conselho e dos dirigentes de todos partidos políticos com representação no Parlamento. Não foram, porém, assinados pelos sindicatos. Tinham natureza política e social, tendo cláusulas socioeconômicas, incluindo questões trabalhistas. Acabaram estimulando outros pactos.

Em 10 de julho de 1979, foi celebrado o Acordo Básico Interconfederativo (ABI), tendo como partes a Confederação Espanhola de Organizações Empresariais (CEOE) e a União Geral dos Trabalhadores (UGT). O acordo permitiu a desobstrução da tramitação no Parlamento do Estatuto dos Trabalhadores. Foi reconhecida a mais ampla liberdade de autonomia das partes, bem como observou-se a presença e atuação das organizações sindicais e empresarias em todos os âmbitos das relações trabalhistas[3]. Houve valorização e aprimoramento das relações coletivas com o ABI, que tinha natureza de um pacto bipartite, por serem apenas duas as partes envolvidas, além do que o governo não fazia parte do acordo.

A UGT e o CEOE subscreveram em 5 de janeiro de 1980 o Acordo Marco Interconfederal (AMI), com vigência de dois anos. Ele fixou critérios para as políticas das relações de trabalho, estabelecendo faixas de crescimento de salários abaixo da inflação, cláusulas sobre jornadas anuais, produtividade, absenteísmo, horas extras e solução privada para os conflitos. O resultado do AMI foi a diminuição das tensões sociais. Houve também preocupação sobre a negociação coletiva, a instituição de mecanismos de mediação, conciliação e arbitragem, com o reconhecimento dos sindicatos livres, dos delegados sindicais e de alguns direitos que foram atribuídos aos Comitês de Empresa. Afirma Ojeda Avilés que o AMI proporcionou uma "avançada consideração da representação sindical na empresa"[4]. Esse acordo inspirou as normas instrumentais que posteriormente foram estabelecidas no Estatuto dos Trabalhadores.

O ANE – Acordo Nacional de Emprego – foi firmado em 9 de junho de 1981 entre o governo espanhol, as CCOO – *Comisiones Obreras* –, a UGT – *Unión General de Trabajadores* – e a CEOE – *Confederación Española de Organizaciones Empresariales* –, tendo por objetivo a ampliação da cobertura social contra o desemprego e a criação de mecanismos tendentes à ampliação da oferta de emprego. Foi instituída a prefixação de majorações nominais sobre os salários.

---

3. LÓPEZ-MONIS, Carlos. Os pactos sociais na Espanha. Relações coletivas de trabalho. *Estudos em homenagem ao Ministro Arnaldo Sussekind*. São Paulo: LTr, 1989, p. 119.
4. OJEDA AVILÉS, Antonio. *Derecho sindical*. Madrid: Tecnos, 1980, p. 249.

O governo, a CEOE e as confederações de trabalhadores mais representativas (UGT e CCOO) celebraram o Acordo Nacional do Emprego (ANE), em 9 de junho de 1982, pretendendo combater o desemprego. O governo pretendia manter o mesmo contingente de trabalhadores, criando 350.000 novos postos de trabalho. Fixou-se faixa salarial para os convênios a serem negociados no ano de 1982. Houve também a reavaliação de pensões da Seguridade Social, assim como a contribuição estatal teve um aumento com a consequente diminuição de 1% nas cotizações patronais. A arrecadação das cotas sindicais passou a ser feita mediante desconto do empregador na folha de pagamento, desde que a condição tivesse sido pactuada no convênio coletivo.

O Acordo Interconfederal (AI) foi ajustado em 1º de março de 1983, tendo apenas duas partes, com a exclusão do governo. Participaram a UGT, CCOO, CEOE e CEPYME (Confederação Espanhola da Pequena e Média Empresa). O acordo delimitou faixas salariais, tratando da negociação e do sistema de solução de conflitos. Seu efeito foi *erga omnes*. Outros acordos foram sendo celebrados.

Foi assinado em 9 de outubro de 1984 o Acordo Econômico Social (AES), que produziu efeitos nos anos de 1985 e 1986. O acordo englobava dois tipos de pactos. O primeiro foi o Acordo Tripartite, assinado pelo governo, a CEOE, a CEPYME e a UGT, tendo por objetivo a criação de empregos. O governo pretendia, ainda, fazer a reforma da Seguridade Social. O outro foi o Acordo Interconfederal (AI), celebrado pela CEOE, a UGT e a CEPYME. Nele, as partes pretendiam incluir nas negociações coletivas de que fossem partes certos critérios e estipulações de negociação, além de faixas de crescimento salarial, fomento de produtividade e luta contra o absenteísmo no trabalho, redução do número de horas extras visando à ampliação dos postos de trabalho, procedimentos voluntários para a resolução dos conflitos coletivos, constituição de um Comitê Paritário Interconfederal para fiscalizar, interpretar e aplicar o conteúdo dos pactos.

O Pacto de Toledo foi assinado em 1995. Esse pacto refere-se ao sistema de Seguridade Social, mas é decorrente do diálogo social estabelecido pelo governo e a sociedade visando romper a inércia do desemprego. Empresários, trabalhadores e governo aceitaram mudanças nos regimes de seguridade social, por meio da integração de gestão, permitindo que o governo administrasse as mudanças em todo o sistema previdenciário. De forma gradual, os benefícios passaram a ter maior proporcionalidade com o valor das cotas mensais pagas. A idade de aposentadoria passou a ser flexível, mantida a idade de 65 anos para os integrantes do sistema tradicional. Em 1999 foi eliminado o déficit. O diálogo social permitiu também as alterações da legislação trabalhista a partir de 1997, por meio dos empregos responsáveis e da contratação indefinida, principalmente dos contratos formativos, com duração máxima de dois anos e vinculadas à capacidade profissional, os de duração determinada, para atender às circunstâncias de produção, mas dependente de negociação coletiva e os contratos de tempo parcial, para contratações de 12 horas por semana, assegurados os benefícios sociais.

Em 3 de junho de 1944 foi firmado o Pacto de Roma. Nele foi criada a CGIL – *Confederazione Generale Italiana del Lavoro*, como central unitária, englobando forças políticas presentes no movimento sindical, como comunistas, socialistas e democratas-cristãos.

Foi estabelecido o Protocolo Governo-Centrais Sindicais, de 22 de janeiro de 1983, sobre o Custo do Trabalho, Escala Móvel de Salários, Negociação Coletiva e outras medidas socioeconômicas, denominado Pacto Scotti, que era o nome do Ministro do Trabalho na época. Houve um monopólio das centrais sindicais sobre a negociação de matéria salarial. A escala móvel não foi extinta, mas, ao contrário, as centrais sindicais de trabalhadores impuseram sua manutenção para a subscrição do pacto. O governo comprometeu-se a alterar as modalidades de contratação, principalmente de contratação a tempo parcial e por tempo determinado, estimulando a abertura de novos postos de trabalho.

O Protocolo de Intenção foi pactuado em 25 de julho de 1986 pelo governo italiano com as organizações sindicais, tratando sobre a regulamentação do direito de greve no setor público.

No México, os pactos mais expressivos foram: o Pacto de Solidariedade Econômica (PSE), de 15 de dezembro de 1987, e o Pacto para a Estabilidade e o Crescimento Econômico (PECE), de 12 de dezembro de 1988. O primeiro tinha por objetivo a redução da inflação inercial por meio de controle de preços e salários, tendo reduzido a inflação de 15,5% em janeiro de 1988 para 1 a 1,5% nos últimos meses do ano.

No Brasil, alguns segmentos da atividade econômica tiveram resultados positivos em pactos firmados, o que foi feito por meio das Câmaras Setoriais, principalmente na indústria automobilística, que permitiram a redução dos preços dos veículos e houve acordo para manter o nível de emprego nessa área.

Em alguns meses de 1999 foram feitas negociações entre governo, empresas e trabalhadores para a manutenção do nível de emprego na indústria automobilística. O governo federal reduziu o IPI, o estadual, o ICMS, permitindo que as empresas pudessem vender seus veículos por preço inferior ao praticado, evitando também o reajuste de preços de seus produtos e, em contrapartida, mantendo o nível de emprego. O aumento do consumo de veículos permitiu a manutenção do nível de emprego no setor automobilístico ou até a contratação de novos trabalhadores. Esta só começou a ocorrer, porém, no primeiro semestre do ano

2000, quando não mais estava em vigor o referido pacto. Não foram, contudo, estabelecidas regras trabalhistas no citado pacto.

17.7 CONCLUSÃO

Muitos dos pactos mencionados não tinham exatamente regras de conduta com aplicação na relação de trabalho, mas política econômica de combate à inflação e ao desemprego. Em alguns casos, os pactos referidos influenciaram ou contribuíram para a aprovação do Estatuto dos Trabalhadores, na Espanha, e pela regulamentação da greve em atividades essenciais, na Itália. É possível dizer, todavia, que os pactos sociais podem conter regras trabalhistas ou então servirão de base para fixar parâmetros para a negociação coletiva, culminando com convenções coletivas, que serão aplicáveis à relação de emprego, além de inspirar mudanças legislativas.

18
AUTONOMIA PRIVADA COLETIVA

18.1 HISTÓRICO

A autonomia privada individual surge no Iluminismo, que forneceu a base filosófica para a Revolução Francesa romper com o Feudalismo. É encontrada no século XVIII, na primeira Revolução Industrial.

A partir da Revolução Francesa, o contrato passou a ser o principal instrumento de regulação das relações jurídicas entre os particulares. O contrato era a corporificação da autonomia privada.

Os trabalhadores vinham sendo explorados. Revoltados, passaram inicialmente a destruir as máquinas e instalações do empregador. As máquinas eram, porém, substituídas por outras e a empresa continuava a sua produção. Os obreiros passaram a se reunir para fazer suas reivindicações, visando melhorar as condições de trabalho. Inicialmente, as reuniões eram clandestinas, pois após a Revolução Francesa não eram admitidos corpos intermediários entre o indivíduo e o Estado.

Os indivíduos, na verdade, não eram exatamente iguais. Na relação de trabalho não existe igualdade entre empregado e empregador, mas desigualdade econômica.

A forma de corrigir desigualdades é estabelecendo outras desigualdades. A legislação do trabalho aparece como "eminentemente desigual, porque se propõe a compensar com uma superioridade jurídica a inferioridade econômica do trabalhador"[1].

Num primeiro momento, o Estado não reconhecia o poder do sindicato de editar normas a serem aplicadas aos seus membros, pois nem mesmo as aceitava.

Nos sistemas corporativos, o sindicato exerce atividade delegada de interesse público. Pertencia o sindicato ao Estado. Daí por que havia afirmações

---
1. GALLART FOLCH, Alejandro. *Derecho español del trabajo*. Barcelona: Labor, 1936, p. 16.

de que as normas emitidas pelos sindicatos eram de Direito Público. Era o que ocorreu na Itália, no período corporativo. O Estado, porém, vigiava e tutelava o sindicato, como na hipótese de só reconhecer um único sindicato em dada base territorial. Há nesse sistema uma completa ingerência do Estado na atividade do sindicato. É o que acontece nos regimes de unicidade sindical, como ainda ocorre no Brasil.

Nos regimes em que prevalece a liberdade sindical, o sindicato tem plena liberdade para ser criado, podendo editar as normas que desejar, devendo apenas observar as normas de ordem pública estabelecidas pelo Estado ou normas mínimas por ele prescritas.

18.2 DENOMINAÇÃO

São encontradas as denominações *autonomia sindical*, *autonomia coletiva sindical* e *autonomia privada coletiva*.

Autonomia sindical diz respeito à autonomia do sindicato, quanto à sua criação, elaboração de seus estatutos, registro sindical, à desnecessidade de intervenção ou interferência estatal. Tem um sentido bastante amplo, que também envolve a possibilidade de o sindicato estabelecer normas.

A expressão mais usada é *autonomia privada coletiva*, que se contrapõe à *autonomia privada individual*, sendo originária do Direito Trabalhista italiano, com fundamento inicial no Direito Civil.

18.3 CONCEITO

Autonomia significa dar leis a si mesmo (*auto*: próprio; *nomia*: normas, leis).

A autonomia pode ser pública ou privada.

Autonomia pública é o poder derivado do Estado como ente soberano. O Estado atribui a outro ente a possibilidade de editar normas do próprio ordenamento, que constituem o ordenamento geral do Estado[2].

Karl Larenz afirma que a autonomia privada é "a possibilidade, oferecida e assegurada pelos particulares, de regularem suas relações mútuas dentro de determinados limites por meio de negócios jurídicos, em especial mediante contratos"[3].

---

2. BALLETTI, Bruno. *Contributo alla teoria della autonomia sindacale*. Milano: Giuffrè, 1963, p. 35.
3. LARENZ, Karl. *Derecho civil*. Parte general. Madrid: Derecho Reunidas, 1978, p. 44 e s.

A autonomia privada é o poder de criar normas jurídicas pelos próprios interessados. É a manifestação de um poder de criar normas jurídicas[4], diversas das previstas pelo Estado e, em certos casos, complementando as normas editadas por aquele. É o poder de regular os próprios interesses[5].

Na autonomia privada individual, a pessoa é livre para agir de acordo com a sua consciência, suportando as consequências positivas ou negativas do seu ato.

Na autonomia privada coletiva, os grupos podem se manifestar de acordo com os seus interesses, assumindo também as consequências de seus atos positivos ou negativos. É o poder que os grupos têm de regrarem seus interesses coletivos.

As normas que são criadas em decorrência da autonomia privada coletiva têm conteúdo próprio, que é determinado negativamente pelo Estado[6], isto é, do que não pode ser feito. Especifica o Estado certas áreas em que só ele pode operar, deixando outras em que pode haver a atuação das partes.

18.4 DISTINÇÃO

Diferencia-se a autonomia privada coletiva da soberania. Esta é inerente ao Estado, decorrente do seu poder de império. Soberania, conforme Miguel Reale, "é o poder que tem uma nação de organizar-se juridicamente e de fazer valer, dentro de seu território, a universidade de suas decisões, nos limites dos fins éticos de convivência"[7]. Não reconhece a soberania do Estado poder igual, superior ou concorrente na ordem interna, muito menos poder superior na ordem internacional. Representa a soberania um poder: incondicionado, absoluto, sem qualquer limite, pois seus limites são traçados pelo próprio Estado; originário, em razão de não ser derivado de qualquer outro, nascendo com o próprio Estado; e exclusivo, porque só o Estado o possui e pode exercê-lo[8]. É una a soberania, não se admitindo que um mesmo Estado tenha duas soberanias, sendo um poder superior aos demais, não permitindo a convivência de dois poderes iguais no mesmo âmbito. É indivisível, pelo fato de que não admite a separação das partes autônomas da mesma soberania[9]. Pode o Estado soberano autodeterminar-se, autogovernar-se, autolimitar-se, isto é, estabelecer seu ordenamento jurídico, sendo, contudo, autônomo para decidir

---
4. FERRI, Luigi. L'autonomia privata. Milano: Giuffrè, 1959, p. 5.
5. SANTORO-PASSARELLI. Francesco. Saggi di Diritto Civile. Napoli: Eugenio Jovene, 1961, p. 255.
6. FERRI, Luigi. La autonomía privada. Madrid: Revista de Derecho Privado, 1969, p. 19.
7. REALE, Miguel. Teoria do direito e do estado. 2. ed. São Paulo: Martins, 1960, p. 161.
8. ZANZUCCHI, Marco Tullio. Istituzioni di diritto pubblico. Milano: Giuffrè, 1948, p. 21.
9. DALLARI, Dalmo de Abreu. Elementos de teoria geral do estado. 19. ed. São Paulo: Saraiva, 1995, p. 69.

sobre o referido sistema[10]. Possui, assim, o Estado um poder superior aos demais. O mesmo não ocorre com a autonomia privada coletiva, dependente inclusive do que dispõe a legislação determinada pelo Estado. A soberania é um dos fundamentos da República Federativa do Brasil (art. 1º, I, da Constituição). É exercida a soberania popular por meio do sufrágio universal e pelo voto direto e secreto, com valor igual para todos, conforme o art. 14 da Lei Fundamental. Autonomia é poder de autorregulamentação, compreendido na soberania.

Difere a autonomia pública da privada. A autonomia pública visa satisfazer interesses públicos. De modo geral, a autonomia privada é concretizada por intermédio de negócios jurídicos bilaterais, como no contrato. A autonomia pública expressa-se geralmente por atos unilaterais da Administração Pública, pois o Estado tem supremacia[11].

Distingue-se a autonomia privada individual da coletiva. Na autonomia privada individual, as pessoas em relação às quais será aplicada a norma são determinadas, como ocorre quanto ao empregado e empregador, que, por exemplo, estabelecem entre si um contrato. Se um sindicato faz um contrato de locação com o proprietário do imóvel, está exercendo a sua autonomia privada individual. Na autonomia privada coletiva, as pessoas beneficiadas são indeterminadas, pois podem ser os membros de uma categoria profissional e econômica ou então os empregados de determinada empresa ou empresas. Há, portanto, o interesse coletivo: do grupo, como ocorre na elaboração das convenções e acordos coletivos.

O interesse coletivo é o fundamento da autonomia privada coletiva. O sindicato acaba defendendo um interesse comum das pessoas. São criadas, modificadas e extintas condições de trabalho.

Não se confunde o interesse coletivo com o interesse público. O Estado é detentor do interesse público, e não os particulares. É ele que vai regular as normas jurídicas para esse fim. Francesco Santoro-Passarelli afirma que o interesse coletivo "é o de uma pluralidade de pessoas por um bem idôneo apto a satisfazer uma necessidade comum. Não é a soma dos interesses individuais, mas a sua combinação. É indivisível, pois se satisfaz, não por muitos bens, aptos a satisfazerem as necessidades individuais, mas por um único bem apto a satisfazer a necessidade da coletividade"[12]. No interesse coletivo, há o interesse comum de um grupo de pessoas e não de toda a coletividade.

---

10. MORAES, Bernardo Ribeiro de. *Compêndio de direito tributário*. Rio de Janeiro: Forense, 1984, p. 118-119.
11. ZANOBINI, Guido. *Autonomia pubblica e privata. Scritti vari di diritto pubblico*. Milano: Giuffrè, 1955, p. 392.
12. SANTORO-PASSARELLI, Francesco. *Noções de direito do trabalho*. São Paulo: Revista dos Tribunais, 1973, p. 11.

18.5 NATUREZA JURÍDICA

A natureza jurídica da autonomia coletiva é analisada sob dois ângulos: pública ou privada.

A autonomia coletiva terá natureza pública nos regimes em que o Estado controla totalmente o sindicato ou então este exerce atividade delegada de interesse público, como nos regimes corporativistas e, no Brasil, até a vigência da Emenda Constitucional n. 1, de 1969.

Nos verdadeiros regimes democráticos e pluralistas, a autonomia coletiva é privada. Onde exista plena liberdade sindical, a autonomia coletiva será privada. No Brasil, a autonomia coletiva também é privada a partir da Constituição de 1988, pois o Estado não interfere ou intervém no sindicato e este não mais exerce atividade estatal delegada de interesse público, embora ainda exista a unicidade sindical.

18.6 CLASSIFICAÇÃO

A autonomia privada pode ser individual ou coletiva.

A autonomia privada individual diz respeito ao estabelecimento de regras jurídicas para as próprias partes interessadas, como ocorre no contrato. As pessoas beneficiadas são as partes no contrato, como ocorre num contrato de Direito Civil ou de Direito Comercial. No Direito do Trabalho é representada pelo contrato de trabalho, tendo aplicação entre empregado e empregador.

Prevê o art. 444 da CLT que as relações contratuais de trabalho podem ser objeto de livre estipulação das partes interessadas em tudo quanto não contravenha às disposições de proteção ao trabalho, aos contratos coletivos que lhes sejam aplicáveis e às decisões das autoridades competentes. Isso significa que existem limites à autonomia privada individual na contratação, isto é, os ajustes entre empregado e empregador estão limitados pela norma coletiva, pela autonomia privada coletiva.

Na autonomia privada coletiva, há a possibilidade da criação de normas jurídicas trabalhistas pelos sindicatos, que serão aplicáveis às relações de trabalho. É manifestada pelos contratos, convenções e acordos coletivos, que terão incidência sobre os contratos de trabalho, como se fosse a lei das partes.

A autonomia privada coletiva irá buscar o interesse do grupo. Os interesses envolvidos não são considerados *uti singuli*, mas *uti universi*. Há uma prevalência do interesse coletivo sobre o individual.

O interesse é o do grupo profissional. Esse interesse fica situado numa linha intermediária entre o interesse coletivo, representado pelo Estado, e o dos indivíduos[13]. O titular da autonomia é o sindicato ou o grupo.

Afirma Luigi Ferri que à autonomia privada deve corresponder uma função social, enquanto a atividade negocial deve perseguir finalidades socialmente apreciáveis[14].

Giuliano Mazzoni afirma que a autonomia coletiva pode ser analisada por três ângulos: a) autonomia institucional; b) autonomia de organização; c) autonomia normativa. Entende que a autonomia coletiva abrange uma larga esfera de manifestação da atividade sindical, como a greve e a negociação coletiva[15].

Na autonomia privada coletiva, o sindicato não vai criar direito estatal, mas normas jurídicas decorrentes da sua autonomia, que dirão respeito, por exemplo, a condições de trabalho aplicáveis à categoria de empregados e empregadores envolvida, a normas previstas no estatuto, regulando o funcionamento do sindicato e a conduta dos associados. Na maioria das vezes são criadas normas não previstas em lei, que acabam complementando as segundas.

Tem a autonomia privada coletiva dois aspectos: o objetivo e o subjetivo. Do ponto de vista subjetivo, a autonomia privada coletiva diz respeito a uma coletividade de pessoas, que têm um mesmo interesse a ser defendido. O aspecto objetivo da autonomia privada coletiva é o próprio ordenamento sindical ou a particularidade desse ordenamento, que começa com o estatuto do sindicato, que é um ordenamento diferenciado em relação a outras entidades de fato, em que são fixadas as normas para a vida associativa[16].

18.7 DIVISÃO

A autonomia privada coletiva é dividida na auto-organização, na autonomia negocial, na autotutela e na representação de interesses[17].

Giuliano Mazzoni faz uma divisão um pouco diferente, mas chegando praticamente ao mesmo resultado em relação à autonomia sindical: a) autonomia de organização; b) autonomia negocial; c) autonomia administrativa; d) atividade de autotutela[18].

---

13. PALERMO, Antonio. *Interessi collettivi e diritto sindacali*. Il diritto del lavoro. Roma: Diritto del Lavoro, 1964, v. XXXVIII, p. 110.
14. FERRI, Luigi. *La autonomía privada*. Madrid: Revista de Derecho Privado, 1969, p. 11.
15. MAZZONI, Giuliano. *Relações coletivas de trabalho*. São Paulo: Revista dos Tribunais, 1972, p. 62-63.
16. MAZZONI, Giuliano. *Relações coletivas de trabalho*. São Paulo: Revista dos Tribunais, 1972, p. 66.
17. PEDREIRA, Luiz de Pinho. Os princípios do direito coletivo do trabalho. *LTr*, 63-02/154.
18. MAZZONI, Giuliano. *Relações coletivas de trabalho*. São Paulo: Revista dos Tribunais, 1972, p. 69.

A auto-organização decorre da liberdade sindical, de as pessoas constituírem quantos sindicatos desejarem, podendo neles ingressar, permanecer ou sair livremente. O sindicato segue as determinações previstas no estatuto, determinando as regras básicas para seu funcionamento. Compreende a autonomia administrativa a eleição dos dirigentes sindicais, de expedir atos administrativos internos, de se filiar a federações, a confederações e até mesmo a organizações internacionais. O art. 3º da Convenção n. 87 da OIT bem indica a auto-organização do sindicato: "1. As organizações de trabalhadores e de empregadores têm o direito de redigir seus estatutos e regulamentos administrativos, e de escolher livremente seus representantes, o de organizar sua administração e suas atividades e o de formular seu programa de ação. 3. As autoridades públicas deverão abster-se de toda intervenção que tenda a limitar esse direito ou entorpecer seu exercício". O sindicato vai, ainda, definir a sua área de atuação, a sua base territorial.

Autonomia negocial é a possibilidade de o sindicato participar das negociações coletivas, em que o resultado é o estabelecimento da norma coletiva. A convenção e o acordo coletivo são instrumentos, por excelência, da autonomia negocial (*caput* e § 1º do art. 611 da CLT).

Na autotutela, o ordenamento autônomo coletivo é autossuficiente, não necessitando recorrer ao ordenamento estatal para resolver os conflitos entre as partes. O exercício da autotutela não pode, porém, afastar a jurisdição do Estado, de dizer o direito no caso concreto a ele submetido. O grupo aplica sanções a quem viola suas normas, como ocorre, por exemplo, em relação às penalidades impostas ao associado, na exclusão do filiado dos quadros sindicais quando infringir o estatuto da associação, na multa pela violação da norma coletiva. Muitas vezes, há também uma ação direta do grupo a indicar a autotutela, como o *lock-out*, a greve, o boicote etc.

A representação de interesses ocorre quando o sindicato representa a categoria em questões judiciais ou administrativas (art. 8º, III, da Constituição e art. 513, *a*, da CLT). Assegura o art. 10 da Lei Maior a participação dos trabalhadores e empregadores nos colegiados dos órgãos públicos em que seus interesses profissionais ou previdenciários sejam objeto de discussão e deliberação. Havia também a composição da Justiça do Trabalho com os juízes classistas até a sua extinção com a Emenda Constitucional n. 24/99.

18.8 SUJEITOS

Os sujeitos da autonomia privada coletiva são, geralmente, os sindicatos, de trabalhadores e de empregadores. Os empregados de uma ou mais empresas que decidirem celebrar acordo coletivo com as respectivas empresas darão ciência de sua resolução, por escrito, ao sindicato representativo da categoria profissional, que terá o prazo de oito dias para assumir a direção da negociação, devendo igual procedimento ser observado pelas empresas interessadas com relação ao sindicato da respectiva categoria econômica (art. 617 da CLT). Expirado o prazo de oito dias sem que o sindicato tenha se desincumbido do encargo, poderão os interessados dar conhecimento do fato à federação a que estiver vinculado o sindicato e, na falta dessa, à correspondente confederação, para que, no mesmo prazo, assuma a direção dos entendimentos. Esgotado esse prazo, poderão os interessados prosseguir diretamente na negociação coletiva até final (§ 1º do art. 617 da CLT).

Na Europa começa a surgir o neocorporativismo. É a regulação das relações sociais por meio de um procedimento negocial, no qual o Estado é parte, inserindo-se em um contexto de concessões recíprocas. Existe uma relação triangular envolvendo o Estado, o sindicato de trabalhadores e o sindicato de empregadores, havendo troca política entre eles. Há um consenso sobre as decisões político-econômicas do Estado, que compensa a perda da sua autoridade com a adesão dos membros dos grupos organizados à linha de atuação aprovada[19]. No neocorporativismo, os sindicatos não pertencem à estrutura do Estado, mas participam em um mesmo plano de igualdade das decisões políticas.

18.9 LIMITES

Em certos casos, a norma foi sendo estabelecida, mesmo contra a vontade do Estado. Mario de la Cueva assevera que o direito autônomo ou extraestatal é produzido pelos trabalhadores e empregadores ou suas organizações "sem intervenção e mesmo contra a vontade do Estado"[20]. Há, porém, limites a observar.

Luigi Ferri afirma que a fonte de validade da autonomia privada está nas normas estatais, que especificam e delimitam o espaço de sua atuação. O Estado determina negativamente o conteúdo das normas extraestatais, deixando certas matérias reservadas para sua própria atividade normativa[21].

Só não será observada a autonomia privada coletiva quando incide norma de ordem pública e de ordem geral, pois nesse caso não há campo de atuação para a autonomia privada. É o que ocorre com regras relativas a salário mínimo, férias, repouso semanal remunerado, intervalos, segurança e medicina do trabalho. A maioria das hipóteses é de regras pertinentes ao Direito Tutelar do Trabalho. É

---

19. CESSARI, Aldo. Pluralismo, neocorporativismo, neocontratualismo. In: CESSARI, Aldo; TAMAJO, Raffaele de Luca. *Dal garantismo al controllo*. Milano: Giuffrè, 1987, p. 210.
20. CUEVA, Mario de la. *El nuevo derecho mexicano del trabajo*. México: Porrúa, 1977, p. 29.
21. FERRI, Luigi. *L'autonomia privata*. Milano: Giuffrè, 1959, p. 7.

o que ocorreria com disposição de convenção coletiva que determinasse a inobservância da hora noturna reduzida, pois nenhum valor teria. Nesses casos, há limitações à autonomia privada coletiva, que são impostas pelo Estado, como direito mínimo a ser observado.

Nos sistemas em que há uma determinação rígida da norma estatal, pouco espaço é deixado para a autonomia privada coletiva, que apenas poderá operar no vazio deixado pela regra estatal.

Nos países em que vigora a plena liberdade sindical, o Estado não limita a autonomia privada coletiva. É o que ocorre no Uruguai, em que a Convenção n. 87 da OIT foi ratificada e não há interferência ou intervenção do Estado nas atividades do sindicato.

Na Itália, a autonomia privada coletiva desenvolveu-se de acordo com o princípio da liberdade e da democracia, em oposição às determinações corporativas, na qual havia excessiva interferência do Estado nas relações coletivas de trabalho. É uma função típica da organização sindical, porém não é exclusiva. Entende Giuliano Mazzoni que não poderia ser feita limitação por meio de lei, salvo em casos excepcionais de falta de sindicatos, em que a autonomia sindical não funciona[22]. Esclarece o art. 2.068 do Código Civil que "não podem ser reguladas, por contrato coletivo, as relações de trabalho desde que disciplinadas pela autoridade pública de conformidade com a lei. São também excluídas da disciplina do contrato coletivo as relações de trabalho relativas a prestações de caráter pessoal ou doméstico".

Nos Estados Unidos não existem normas sobre contratação coletiva, apenas a "obrigação de contratar", nada mais.

18.10 CONCLUSÃO

A autonomia privada coletiva é a expressão do pluralismo jurídico no Direito do Trabalho.

Na autonomia privada coletiva há a coexistência entre normas estatais e não estatais.

A democracia não nasce do Estado, mas dos indivíduos e grupos que compõem a sociedade. Vão surgindo fatos, que muitas vezes são espontaneamente regulados.

A autonomia é originária do grupo e não uma delegação do Estado.

---

22. MAZZONI, Giuliano. *Relações coletivas de trabalho*. São Paulo: Revista dos Tribunais, 1972, p. 77-78.

O Estado pode tolerar ou ignorar as regras emitidas pelo sindicato. Podem essas regras ser decorrentes do sistema jurídico estatal, estando nele inserido ou reconhecido e por ele autorizado, como também pode haver total independência em relação ao sistema estatal. A autonomia privada coletiva configura poder derivado do estatal ou fonte delegada[23], quando o Estado a reconhece[24].

Para o desenvolvimento da autonomia privada coletiva é fundamental a existência de liberdade sindical, tal qual a preconizada na Convenção n. 87 da OIT. Podem ser constituídos tantos sindicatos quantos forem desejados pelas partes.

Está inserida a autonomia privada coletiva dentro do pluralismo do Direito do Trabalho, em razão de que diz respeito à possibilidade de as próprias partes estabelecerem normas a serem aplicadas à relação de emprego.

Representa a autonomia privada coletiva uma forma de construir uma sociedade livre, justa e solidária (art. 3º, I, da Constituição), tendo por base o primado do trabalho (art. 193 da Lei Maior), valorizando o trabalho humano e assegurando a todos existência digna, conforme os ditames da justiça social (art. 170 da Lei Magna), pois são as próprias partes que resolvem as suas questões, estabelecendo normas próprias para regular a relação de trabalho, sem qualquer interferência do Estado.

Quando o Estado reconhece a autonomia privada coletiva, há maior espaço para negociação e menor intervenção estatal nas relações de trabalho.

Reduz a autonomia privada coletiva o intervencionismo estatal ao mínimo indispensável, estabelecendo apenas garantias mínimas ao trabalhador, deixando a cargo dos próprios interessados a determinação das regras de trabalho que julgarem mais adequadas em dado momento.

Se o sindicato exerce atividade delegada pelo Estado, estamos diante do corporativismo fascista, que foi copiado por Getúlio Vargas e corporificado na Constituição de 1937. As normas editadas pela agremiação têm natureza estatal, estando inseridas no ordenamento jurídico do Estado.

Hoje, inclusive, o sindicato já não é órgão que exerce atividade estatal delegada de interesse público, como ocorria nas Constituições de 1937 (art. 140), de 1946 (art. 159), de 1967 (art. 159 e seu § 1º) e na Emenda Constitucional n. 1, de 1969 (art. 166 e seu § 1º).

---

23. BOBBIO, Norberto. *Teoria dell'ordinamento giuridico*. Torino: Giappichelli, 1960, p. 5.
24. No mesmo sentido, Luigi Ferri, que considera a autonomia privada um poder derivado, pois encontra sua fonte de validade nas normas estatais (*L'autonomia privata*. Milano: Giuffrè, 1959, p. 7).

A autonomia privada coletiva tem sido utilizada ultimamente para gerir as crises nas empresas, mantendo os postos dos trabalhadores.

A negociação coletiva é a maneira pela qual é exercitada a autonomia privada coletiva, que será analisada no próximo capítulo.

19
NEGOCIAÇÃO COLETIVA

19.1 CONCEITOS

A Convenção n. 154 da OIT esclarece que a negociação coletiva compreende todas as negociações que tenham lugar entre, de uma parte, um empregador, um grupo de empregadores ou uma organização ou várias organizações de empregadores e, de outra parte, uma ou várias organizações de trabalhadores visando a: a) fixar as condições de trabalho e emprego; b) regular as relações entre empregadores e trabalhadores; c) disciplinar as relações entre empregadores ou suas organizações e uma ou várias organizações de trabalhadores ou alcançar todos esses objetivos de uma só vez.

A negociação coletiva é uma forma de ajuste de interesses entre as partes, que acertam os diferentes entendimentos existentes, visando encontrar uma solução capaz de compor as suas posições.

Envolve a negociação coletiva um processo que objetiva a realização da convenção ou do acordo coletivo de trabalho. Qualifica-se, assim, pelo resultado. As partes acabam conciliando os seus interesses, de modo que resolva o conflito.

A Recomendação n. 91 da OIT, de 1951, define a convenção coletiva como "todo acordo escrito relativo a condições de trabalho e de emprego, celebrado entre um empregador, um grupo de empregadores ou uma ou várias organizações de empregadores, de um lado, e, de outro lado, uma ou várias organizações representativas de trabalhadores ou, na ausência de tais organizações, por representantes dos trabalhadores interessados, devidamente eleitos e autorizados pelos últimos, de acordo com a legislação nacional".

No sistema brasileiro, a convenção coletiva é o negócio jurídico entre sindicatos de trabalhadores e de empregadores em que são resolvidos conflitos de interesse (art. 611 da CLT). Acordo coletivo é o negócio jurídico entre sindicato de trabalhadores e uma ou mais de uma empresa em que são resolvidos conflitos de interesse (§ 1º do art. 611 da CLT). Geralmente, tanto as convenções como os acordos coletivos estabelecem condições de trabalho, mas também podem determinar regras obrigacionais para as partes envolvidas. Enquanto na convenção coletiva os sujeitos são os sindicatos de trabalhadores e de empregadores, o acordo coletivo envolve apenas o sindicato de empregados e a empresa ou empresas interessadas. A convenção coletiva vale para a categoria, enquanto o acordo coletivo aplica-se aos empregados da empresa ou empresas acordantes, dizendo respeito a uma relação na empresa. A norma coletiva produzida é emanada de um poder autônomo, isto é, o poder dos grupos profissional e econômico[1].

19.2 DISTINÇÃO

Distingue-se a negociação coletiva da convenção e do acordo coletivo. A negociação é um procedimento que visa superar as divergências entre as partes. O resultado desse procedimento é a convenção ou o acordo coletivo. Caso a negociação coletiva resulte frustrada, não haverá a produção da norma coletiva. A negociação coletiva é obrigatória no sistema brasileiro. A convenção e o acordo coletivo são facultativos. Frustrada a negociação coletiva ou a arbitragem, é facultado ao sindicato ajuizar o dissídio coletivo (§ 2º do art. 114 da Lei Magna).

19.3 ESPÉCIES

Há várias espécies de negociação coletiva. A primeira ocorre em relação a qualquer direito trabalhista, porém depende da existência de sindicatos fortes para a sua implementação, pois, do contrário, o empregado é prejudicado. A segunda só permite a negociação coletiva com a existência de uma legislação mínima, como ocorre na França. A terceira só admite negociação coletiva para certos direitos e não para todos, como para redução de salários e da jornada de trabalho.

É mais disseminada a negociação coletiva nos sistemas políticos liberais do que naqueles em que há um sistema centralizado no Estado. É encontrada principalmente nos modelos abstencionistas (desregulamentados) do que nos regulamentados.

19.4 CAUSAS

Os trabalhadores passaram a se organizar. A partir do momento em que o direito de coalizão foi permitido, são negociadas condições de trabalho. Como o Estado inicialmente não cuidava de estabelecer um sistema de proteção aos trabalhadores, os próprios interessados passaram a se reunir e a criar as normas de trabalho.

Desde que o Estado passou a intervir na relação laboral, a negociação coletiva acabou suprindo as lacunas da legislação estatal.

---

1. GIGLIO, Wagner Drdla. Convenções coletivas de trabalho. *LTr*, 46-3/273.

19.5 FUNÇÕES

Possui várias funções a negociação coletiva: I – jurídicas: a) normativa, criando normas aplicáveis às relações individuais de trabalho, até mesmo para pior, como nas crises econômicas. São estabelecidas regras diversas das previstas em lei. Atua a negociação coletiva no espaço em branco deixado pela lei; b) obrigacional, determinando obrigações e direitos para as partes, como, por exemplo, penalidades pelo descumprimento de suas cláusulas; c) compositiva, como forma de superação dos conflitos entre as partes, em virtude dos interesses antagônicos delas, visando ao equilíbrio e à paz social entre o capital e o trabalho, mediante um instrumento negociado; II – políticas, de incentivar o diálogo, devendo as partes resolver suas divergências entre si; III – econômicas, de distribuição de riquezas. Luisa Riva Sanseverino entende que também existe função econômica nos casos em que o empregador disciplina a concorrência[2]; IV – ordenadora, quando ocorrem crises, ou de recomposição de salários; V – social, ao garantir aos trabalhadores participação nas decisões empresariais.

19.6 VALIDADE

O fundamento da validade da negociação coletiva é a lei estatal ou então a tolerância do Estado.

A Constituição de 1934 previa o "reconhecimento das convenções coletivas de trabalho" (art. 121, § 1º, *j*). Não havia menção ainda aos acordos coletivos.

A Lei Maior de 1937 mudou a redação, pois passou a tratar do contrato coletivo: "os contratos coletivos de trabalho concluídos pelas associações, legalmente reconhecidas, de empregadores, trabalhadores, artistas e especialistas, serão aplicados a todos os empregados, trabalhadores, artistas e especialistas que elas representam" (art. 137, *a*). A regra tratava de sujeitos, de extensão subjetiva; "os contratos coletivos de trabalho deverão estipular obrigatoriamente a sua duração, a importância e as modalidades do salário, a disciplina interior e o horário do trabalho" (art. 137, *b*). Esta última regra era objetiva. Os dispositivos são cópia da Carta del Lavoro italiana de 1927.

A Constituição de 1946 voltou a reconhecer as convenções coletivas de trabalho: "reconhecimento das convenções coletivas de trabalho" (art. 157, XIII). Carlos Maximiliano comentava o referido dispositivo: "Por meio de tal instituição ultramoderna, supre-se a inferioridade econômica em que se acha o

---

2. SANSEVERINO, Luisa Riva. Intervenção. *Atti del III Congresso Nazionale di Diritto del Lavoro*. Milano: A. Giuffrè, 1968, p. 125.

obreiro para tratar individualmente as condições do trabalho; facilita-se a realização do equilíbrio nas estipulações e conclui-se um instrumento de controle que muito contribui para a pacificação social; a rígida e fragmentária disciplina legislativa é largamente integrada e às vezes até substituída pela dúctil e espontânea autodisciplina das categorias patronais e operárias, sob a supervisão do Estado"[3]. Talvez essa Constituição tenha disposto desta forma em razão de ser uma norma constitucional democrática e de pretender romper com certos aspectos do corporativismo.

A Carta Magna de 1967 mencionava o "reconhecimento das convenções coletivas de trabalho" (art. 158, XIV).

O Decreto-Lei n. 229, de 28 de fevereiro de 1968, modificou a expressão contrato coletivo de trabalho contida na CLT para convenção e acordo coletivo (arts. 611 a 625 da CLT). A origem seria da legislação francesa, em que faz referência a *convention*. A referida norma adapta a denominação convenção coletiva prevista desde a Constituição de 1946 e também na Lei Maior de 1967.

A Emenda Constitucional n. 1, de 1969, manteve a redação da norma constitucional anterior: "reconhecimento das convenções coletivas de trabalho" (art. 165, XIV).

No Brasil, o inciso XXVI do art. 7º da Lei Magna reconhece as convenções ou acordos coletivos. O Estado, portanto, reconhece a validade das convenções e dos acordos coletivos de trabalho. Reconhece, assim, indiretamente o conteúdo dessas normas.

Não é, portanto, apenas reconhecido o Direito Estatal, mas também o direito originário dos grupos, ao estabelecerem condições de trabalho nas convenções e acordos coletivos.

Se a norma coletiva não fosse reconhecida na Constituição, não teria valor? Não, pois seria uma espécie de "contrato" entre as partes, como ocorre com o contrato de trabalho, que não é exatamente previsto na Lei Maior.

O reconhecimento das convenções e dos acordos coletivos não pode ser considerado um favor.

Talvez a ideia do constituinte tenha sido de que o "reconhecimento" deveria estar na Constituição para ser assim reconhecido pelo Estado. Não é que não seriam reconhecidos o acordo coletivo e a convenção coletiva.

Se não fosse previsto na Constituição, não teria natureza de norma constitucional, nem haveria delegação estatal. A questão, na verdade, é de autonomia

---

3. *Comentários à Constituição brasileira*. 5. ed. Rio de Janeiro: Freitas Bastos, 1954, v. 2, p. 201.

privada coletiva, de as próprias partes elaborarem normas, que serão aplicáveis à categoria ou às empresas.

É uma forma de garantir o respeito à norma coletiva. Seria o Estado estar obrigado constitucionalmente a reconhecer a convenção e o acordo coletivo. É uma realidade constitucional.

A convenção coletiva ou o acordo coletivo são leis para as partes, como espécie de contrato. O contrato é lei entre as partes. É a aplicação do *pacta sunt servanda*, de que os acordos devem ser cumpridos. Afirmava Carnelutti que a norma coletiva é "um híbrido, que tem corpo de contrato e alma de lei"[4].

A convenção e o acordo coletivo apanham situações peculiares em cada localidade, que não podem ser tratadas na lei, que é geral. É muito melhor a norma negociada pelas partes, que pode ser espontaneamente cumprida, do que a imposta de cima para baixo pelo Estado. Ela é mais aceita pelas partes.

O fato de o reconhecimento das convenções e dos acordos coletivos estar na Constituição mostra o direito fundamental ao trabalho quanto à negociação coletiva.

A negociação coletiva só não terá validade se for expressamente proibida pela legislação estatal.

A Constituição espanhola declara que a lei garantirá o direito de negociação coletiva laboral entre os representantes dos trabalhadores e empregadores, assim como assegura força vinculante aos convênios (art. 37). A expressão "força vinculante" significa que o pacto é lei entre as partes, aplicando-se automaticamente às relações individuais do trabalho. Define o art. 82 do Estatuto dos Trabalhadores os convênios coletivos como o resultado da negociação desenvolvida pelos representantes de trabalhadores e empregadores, constituindo a expressão de acordo livremente adaptado por aqueles em virtude da sua autonomia coletiva. Confere o art. 82 aos convênios coletivos eficácia jurídica normativa e não contratual.

19.7 CONDIÇÕES

Para se chegar ao resultado final da negociação, que culmina com a norma coletiva, é preciso o atendimento de certas regras: a) de garantia de segurança aos negociadores, para que, com liberdade, possam expor as suas ideias; b) deve haver disciplina e respeito; c) as partes devem agir com lealdade e boa-fé, como se deve

---

4. CARNELUTTI. *Teoria del regolamento colletivo dei rapporti di lavoro*. Padova: Cedam, 1937, p. 117.

fazer em qualquer contrato. A boa-fé é um dever na área contratual, não podendo ser uma mera enunciação programática, mas autêntica obrigação jurídica.

19.8 OBRIGATORIEDADE

Na maioria dos países, a negociação coletiva é obrigatória por força de lei, como no México (art. 387), na Costa Rica (art. 56 do *Código de Trabajo*) e na Venezuela (art. 50 da *Ley de Trabajo*).

No Brasil, os sindicatos das categorias econômicas ou profissionais e as empresas, mesmo as que não tenham representação sindical, quando provocados, não poderão se recusar à negociação coletiva (art. 616 da CLT). Não há, porém, obrigação de concluir o referido acordo.

Na Argentina, considera-se prática desleal a não negociação (art. 53 da *Ley* n. 23.551, de 1988), que também ocorre no Panamá e na República Dominicana. No Chile, a lei estabelece multas ao patrão que não negociar.

19.9 NÍVEIS

No Brasil, o nível de negociação geralmente é feito por categoria, pois a Constituição reconhece a existência das categorias (art. 8º, II, III e IV).

Na Argentina e no Uruguai, geralmente o nível é centralizado na categoria ou na indústria.

No Chile, até a Lei n. 19.069, de 1991, havia centralização da negociação na empresa. Os interessados poderão, a partir desse nível, passar para a negociação multiempresarial.

As federações podem negociar na Colômbia. Na Venezuela, é permitida a negociação por federações e confederações. No Brasil, isso também é possível quando as categorias não são organizadas em sindicatos.

No México, o nível de negociação é por indústria, por meio dos "contratos--leis" e o de empresa, mediante contrato coletivo (arts. 360 e 388 da Lei Federal de Trabalho).

No Peru, a negociação é permitida por empresa, ramo de atividade ou gremial, conforme o entendimento dos interessados. Não sendo feito acordo, o nível é o de empresa (DLRCT de 1992).

Na República Dominicana, é possível a negociação por ramos de produção, desde que mediante acordo entre os sindicatos.

Na Venezuela, o nível de negociação é por empresa, estabelecimento e ramo de atividade (arts. 509 e 528 da Lei Orgânica do Trabalho).

A Resolução n. 163 da OIT recomenda amplitude maior para que as negociações coletivas sejam feitas nos níveis em que os próprios interessados escolherem.

19.10 CONTEÚDO

O conteúdo da negociação pode ser obrigacional e normativo. O obrigacional cria direitos e deveres para os sujeitos da negociação. O normativo envolve as condições de trabalho que serão observadas nos contratos individuais de trabalho, como reajustes salariais, adicionais de horas extras e noturno.

Nos países que adotam o *civil law*, a norma coletiva prevê condições mínimas de trabalho para os trabalhadores, geralmente alteráveis *in mellius*. Nos países que empregam o *common law*, a norma coletiva tem fundamento na autonomia privada coletiva, estabelecendo um *standard* diretamente operante para a regulamentação da relação de trabalho[5].

Na Itália, por exemplo, há contratos coletivos nacionais, chamados acordos interconfederais. No nível inferior há acordos setoriais, celebrados com as federações, que estipulam condições de trabalho para a categoria.

Deveria o conteúdo das normas coletivas ser livre, ficando a cargo dos interessados determinar as suas regras.

Alguns países estabelecem algumas normas sobre conteúdo, como nome, representação das partes, âmbito de aplicação, período de vigência, que é o que ocorre na Argentina (art. 3º da *Ley* n. 14.250).

No México, o art. 393 da *Ley Federal del Trabajo* dispõe que os convênios coletivos devem ter regras sobre salário e cláusulas sindicais de atuação dos representantes dos trabalhadores na empresa, como crédito de horas para o desempenho da representação, quadro de avisos sindicais, remessa pela empresa ao sindicato da relação dos trabalhadores filiados, facilidades para reuniões na empresa, procedimentos de queixas e reclamações e fixação de contribuições sindicais.

Determina o art. 613 da CLT que as convenções e os acordos coletivos conterão obrigatoriamente: a) designação dos sindicatos convenentes ou dos sindicatos e empresas acordantes; b) prazo de vigência; c) categorias ou classes de trabalhadores abrangidas pelos respectivos sindicatos; d) condições ajustadas

---

5. SANSEVERINO, Luisa Riva. *Diritto sindacale*. 4. ed. Turim: UTET, 1982, p. 253.

para reger as relações individuais de trabalho durante sua vigência; e) normas para a conciliação das divergências surgidas entre os convenentes por motivo da aplicação de seus dispositivos; f) disposições sobre o processo de sua prorrogação e de revisão total ou parcial de seus dispositivos; g) direitos e deveres dos empregados e das empresas; h) penalidades para os sindicatos convenentes, os empregados e as empresas em caso de violação de seus dispositivos. As convenções e os acordos coletivos serão celebrados por escrito, em tantas vias quantos forem os sindicatos convenentes ou as empresas acordantes, além de uma destinada a registro (parágrafo único do art. 613 da CLT).

19.11 LEGITIMAÇÃO PARA NEGOCIAR

Na maioria dos países é estabelecido que o sindicato tem legitimidade para negociar.

A negociação é exclusiva dos sindicatos no México (art. 386 da Lei Federal do Trabalho), em Cuba (art. 54 do Código de Trabalho), na Guatemala (art. 38 do Código do Trabalho), na Costa Rica (art. 54 do Código de Trabalho), na República Dominicana (art. 92 do Código do Trabalho).

O Regulamento da Lei de Trabalho da Venezuela (art. 360) e o Código de Trabalho do Chile (art. 279) permitem que um grupo de trabalhadores negocie.

No Peru, inexistindo sindicato, os representantes de mais da metade dos trabalhadores de uma empresa podem negociar (art. 41 do DLRCT, de 1992).

Na Argentina, os sindicatos que têm personalidade gremial podem celebrar convênios coletivos (*Ley* n. 14.250, de 1988), porém são permitidos acordos internos de empresas que não podem ser homologados.

19.12 NECESSIDADE DE HOMOLOGAÇÃO

Muitas vezes, a lei dispõe sobre a necessidade de homologação da norma coletiva para efeito de controlar a sua legalidade e oportunidade.

A Lei argentina n. 14.250, de 1988, determina a necessidade de homologação do convênio coletivo pelo Ministério do Trabalho e da Seguridade Social para adquirir efeito *erga omnes*.

A CLT não mais exige que as convenções e acordos coletivos sejam homologados para terem validade, apenas é feito o arquivamento no Ministério do Trabalho para que a norma coletiva entre em vigor no prazo de três dias (§ 1º do art. 614 da CLT).

19.13 EFEITOS

Os efeitos da norma coletiva são dois: a) limitados aos filiados ao sindicato; b) *erga omnes*, que valem para toda a categoria.

No Brasil, como o sindicato é estabelecido por categoria, vale para ela a convenção coletiva, salvo se ajustada por empresa, quando terá validade para todos os empregados da empresa, independentemente de serem ou não filiados ao sindicato.

No Chile, o efeito *erga omnes* foi estabelecido pelo Código de 1931. A Lei de 1971 limitou os efeitos da norma coletiva, sendo facultada a estipulação de cláusulas comuns a um ou mais empregadores, assim como o estabelecimento pelos trabalhadores de um contrato coletivo de empresa.

No Peru, a eficácia da negociação coletiva é geral (arts. 9 e 47 do DLRCT, de 1992), dependendo do número de representados pelo sindicato, que deve ter a maioria absoluta dos trabalhadores da empresa. Do contrário, irá ser observado apenas aos sócios.

O Ministério do Trabalho pode estender os efeitos dos convênios coletivos na Argentina e na Venezuela (art. 398 da LOT).

No Brasil, a extensão é feita pela Justiça do Trabalho, em caso de dissídio coletivo que tenha por motivo novas condições de trabalho e no qual figure como parte apenas um fração de empregados de uma empresa. O Tribunal poderá fazer a extensão, se julgar justo e conveniente, aos demais empregados da empresa que forem da mesma profissão dos dissidentes (art. 868 da CLT). A decisão sobre novas condições de trabalho poderá também ser estendida a todos os empregados da mesma categoria profissional compreendida na jurisdição do tribunal: a) por solicitação de um ou mais empregadores, ou de qualquer sindicato destes; b) por solicitação de um ou mais sindicatos de empregados; c) *ex officio*, pelo Tribunal que houver proferido a decisão; d) por solicitação da Procuradoria da Justiça do Trabalho (art. 869 da CLT).

19.14 GENERALIDADES

Tem por base a negociação coletiva a teoria da autonomia privada coletiva, visando suprir a insuficiência do contrato individual do trabalho. Possui procedimento mais simplificado, mais rápido, com trâmites mínimos se comparados com os da elaboração da lei. É descentralizada, atendendo a peculiaridades das partes envolvidas, passando a ser específica. Há uma periodicidade menor nas modificações, e, em alguns países, é um processo contínuo e ininterrupto.

Demonstra ser um instrumento ágil, adequado, maleável, flexível, voluntário, sendo possível sua aceitação plena pelos interessados. Utiliza o Brasil um método contratual de negociação, e, concluído este, as partes somente voltam a negociar depois de decorrido certo período, que geralmente é de um ano.

O direito de negociar livremente constitui elemento essencial da liberdade sindical. A negociação deve ser feita não só pelos sindicatos, como também pelas federações e confederações, ou, ainda, por entidades sindicais registradas ou não registradas. As autoridades públicas, entretanto, não poderão restringir o direito de negociação, assim como não se deve exigir a dependência de homologação pela autoridade pública, pois a negociação concretizada representa lei entre as partes.

Estimula a OIT a prática da negociação coletiva, incentivando-a entusiasticamente, tal é a sua importância. Há duas convenções fundamentais sobre o tema, reveladoras da plena adesão ao pluralismo jurídico. Assegura a Convenção n. 98 o direito de sindicalização e de negociação coletiva. Versa a Convenção n. 154 sobre o fomento à negociação coletiva, prevendo que esta deve ser possibilitada a todos os empregadores e a todas as categorias de trabalhadores dos ramos de atividades (art. 5, 2, a). O Comitê de Liberdade Sindical considera o direito de negociar elemento essencial ao exercício da plena liberdade sindical, cabendo às partes definir o nível de negociação. Nos casos em que o Estado é intervencionista, a autonomia privada coletiva não tem pleno desenvolvimento. Ao contrário, no Estado democrático pluralista reconhece-se a autonomia coletiva plenamente. Esclarece a Recomendação n. 163 da OIT que o direito de negociação deve ser amplo, assegurado a todas as organizações, em qualquer nível, compreendendo o da empresa, do estabelecimento, de atividade, do bairro, da região, do Estado.

Indica o art. 4 da Convenção n. 98 da OIT o fomento da negociação voluntária entre empregadores ou organizações de empregadores e organizações de trabalhadores com o objetivo de regular, por meio de convenções, os termos e condições de emprego.

A Constituição de 1988 recepcionou a sindicalização por categoria, como se verifica dos incisos II, III e IV do art. 8º da Constituição, que fazem referência a categoria. Geralmente, a negociação é feita por categoria, mas é permitida a negociação entre sindicatos e empresas, ampliando a eficácia geral das cláusulas das normas coletivas.

Reza o inciso VI do art. 8º da Lei Maior que os sindicatos devem participar obrigatoriamente das negociações coletivas de trabalho, prestigiando a autonomia privada coletiva. Haveria, assim, a participação obrigatória do sindicato patronal nos acordos coletivos. A interpretação sistemática da Lei Magna leva, porém, o intérprete a verificar que o sindicato dos trabalhadores é que deve participar obrigatoriamente das negociações coletivas, pois nos acordos coletivos só ele toma parte juntamente com as empresas e não o sindicato da categoria econômica. Em alguns dispositivos, a Constituição reconhece os acordos coletivos (art. 7º, VI e XXVI). Nos referidos acordos participa somente o sindicato da categoria dos trabalhadores juntamente com uma ou mais empresas (§ 1º do art. 611 da CLT) e não o sindicato da categoria econômica.

A negociação é o meio que vai conduzir à norma coletiva, sendo uma das fases necessárias para a instauração do dissídio coletivo, em que, se ela restar frustrada, as partes poderão eleger árbitros (§ 1º do art. 114). Recusando-se qualquer das partes à negociação coletiva ou à arbitragem, é facultado aos sindicatos (§ 2º do art. 114) ou empresas (§ 2º do art. 616 da CLT) ajuizar o dissídio coletivo. A tentativa de mediação da DRT não é obrigatória. Obrigatória é a negociação coletiva. Na hipótese de esta restar frustrada é que as partes poderão ajuizar dissídio coletivo. Dispõe, ainda, o § 4º do art. 616 da CLT que nenhum processo de dissídio coletivo de natureza econômica será admitido sem antes se esgotarem as medidas tendentes à formalização de acordo ou convenção coletiva.

O cancelamento de alguns precedentes normativos da Seção de Dissídios Coletivos do TST, para se adequar à diretriz fixada pelo STF[6], mostra que se deve prestigiar a negociação coletiva em detrimento do sistema imposto de solução de dissídios coletivos, por meio do poder normativo da Justiça do Trabalho.

No Chile, estabelece-se que não é possível ser objeto da negociação coletiva, entre outras, as seguintes hipóteses: a) as relativas ao funcionamento da empresa ou do estabelecimento; b) as limitadoras da faculdade do empregador de organizar, dirigir e administrar a empresa; c) as que possam significar restrições ao uso da mão de obra ou insumos, tais como as proibitivas de contratação de trabalhadores não sindicalizados ou de aprendizes e as relativas à dimensão da fábrica, ritmo de produção, sistema de promoções e uso de maquinaria; d) as concernentes a remunerações e condições de trabalho de pessoas não pertencentes ao sindicato ou grupo negociador ou proibidas de negociar coletivamente; e) as que importem a obrigação do empregador de pagar dias de greve não trabalhados[7]. Na legislação chilena, observa-se que a convenção coletiva vai tratar de questões relativas ao trabalho. Situações pertinentes ao empregador ficarão de fora da norma coletiva.

O Estatuto dos Trabalhadores da Espanha prevê no art. 85 que, "observada a lei, as convenções coletivas poderão regular matérias de índole econômica, laboral, sindical e assistencial, e, em geral, todas as demais que afetem as con-

---

6. Primeira Turma, RE 197.911-9/PE, Rel. Min. Octavio Gallotti, j. 24-9-1996.
7. Art. 12 da Lei n. 2.759, de 29 de junho de 1979.

dições de emprego e a esfera de relações dos trabalhadores e suas organizações representativas com o empresário e associações empresariais".

A norma coletiva prescreve condições gerais de trabalho, contendo cláusulas que irão regular os contratos individuais de trabalho em curso ou futuros.

Inicialmente, os acordos celebrados entre os grupos profissionais e empregadores determinavam obrigações puramente morais, pelo fato de que inexistiam agrupamentos permanentes ou reconhecidos para lhes assegurar o cumprimento. Hoje, são estipuladas penalidades para as partes que descumprirem o acordado, com disposição expressa na lei (art. 613, VIII, da CLT).

As forças do Estado não são suficientes para realizar a regulamentação necessária do trabalho. O direito estatal é muito rígido. A incapacidade para essa regulamentação é maior à medida que avança o desenvolvimento da sociedade. A resolução do problema é feita pelo direito autônomo das próprias partes envolvidas, elaborado pelos grupos sociais. Há, portanto, no Direito do Trabalho a criação de um direito autônomo, não estatal, que concorre com a lei. O direito extraestatal é uma manifestação da autodeterminação social no campo do direito, em que as partes produzem diretamente um direito objetivo próprio, administrado por elas mesmas[8]. A origem extraestatal da norma não vai diminuir a unidade e autoridade do Estado. Sinzheimer afirma que o direito não estatal é uma fonte primária do direito, pois as normas não são provenientes do Estado. Este não cria normas, mas as constata como instituições, como fatos normativos.

O direito não estatal necessita do Estado, como fonte secundária. Pode levar a submissão dos fracos pelos fortes, em que haveria uma imposição arbitrária dos segundos em relação aos primeiros. O Estado, nesse ponto, combateria as injustiças, intervindo contra a predominância unilateral de uma das partes, para assegurar o equilíbrio, a justiça[9] e o bem comum, como ocorre com as normas mínimas legais que devem ser observadas por empregados e empregadores. É a utilização da expressão de Lacordaire "entre o forte e o fraco, entre o rico e o pobre, entre o patrão e o operário, é a liberdade que oprime e a lei que liberta"[10]. Afirmação semelhante foi feita por Georges Ripert, no sentido de que, "se os

---

8. SINZHEIMER, Hugo. La théorie des sources du droit et le droit ouvrier. Le problème des sources du droit positif. *Annuaire de l'Institut International de Philosophie du Droit et de Sociologie Juridique.* Paris: Sirey, 1934, p. 72 e 81.
9. SINZHEIMER, Hugo. La théorie des sources du droit et le droit ouvrier. Le problème des sources du droit positif. *Annuaire de l'Institut International de Philosophie du Droit et de Sociologie Juridique.* Paris: Sirey, 1934, p. 81.
10. LACORDAIRE, Henri-Dominique. *Conférences de Notre-Dame de Paris*, II. Paris: Sagnier et Bray, 1848, t. III, p. 246 (52ª Conferência sobre o duplo trabalho do homem, 1848).

homens são irmãos, devem ser iguais; se não o são, o mais fraco tem direito a ser protegido. A experiência demonstra que a liberdade não basta para assegurar a igualdade, pois os mais fortes depressa se tornam opressores. Cabe nesse caso ao Estado intervir para proteger os fracos. O dever que cada particular não cumpre em relação ao próximo, e a que, em todo caso, a lei não pode obrigá-lo, pertence ao Estado cumpri-lo em nome de todos, e quando passa a ser um dever do Estado, torna-se um direito para quem dele se beneficia"[11]. Por isso mesmo que qualquer negociação *in peius* necessita ser conduzida com a participação do sindicato.

Tem razão Roscoe Pound, quando afirma que "o Direito é mais que um agregado de leis. É o que torna as leis instrumentos vivos de justiça. É o que permite aos tribunais ministrar a justiça por meio de leis; a restringi-las pela razão quando o legislador excede a própria razão e a desenvolvê-las em toda extensão da razão quando o legislador se mostra insuficiente"[12].

A negociação coletiva é muito mais democrática, pois é um procedimento voluntário e tem possibilidade muito maior de aceitação pelas partes, pois foram elas que elaboraram a norma coletiva. O Estado não tem condições de regular detalhadamente todas as condições de trabalho. Dessa forma, a negociação coletiva supre essa deficiência estatal de forma muito mais positiva, pois a lei é rígida, de âmbito nacional e lento é o processo de sua modificação. A negociação coletiva é flexível, dinâmica, rápida, atendendo a peculiaridades, e não tem os mesmos procedimentos de elaboração da lei para regular as situações de trabalho. Melhor se acomoda às exigências da produção e do mercado e, ainda, promove maior integração entre empregados e empregadores, por ser fruto de consenso e não de imposição. A norma estatal coexiste com a negociação coletiva, sendo que esta acaba complementando as lacunas da primeira.

As normas oriundas do sindicato são de coordenação, pois não podem contrariar o ordenamento do Estado. Apesar da existência de uma pluralidade de normas trabalhistas, elas estão inseridas num sistema, cuja validade deriva do reconhecimento do Estado, estando a ele subordinadas.

O pluralismo gera a flexibilização das normas. Dá fundamento a essa flexibilização, pois se reconhece que o Direito não é apenas estatal, mas provém também dos grupos e de outras fontes de normas. Na flexibilização das normas trabalhistas, é possível atender às situações nas crises, pois o direito estatal, por ser rígido, necessita de um processo demorado de modificação.

---
11. RIPERT, Georges. *O regime democrático e o direito civil moderno*. São Paulo: Saraiva, 1937, p. 133.
12. POUND, Roscoe. *Justiça conforme a lei*. 2. ed. São Paulo: IBRASA, p. 64.

Inicialmente, a norma coletiva tratava de condições de trabalho. Na Europa, nos anos 1980, passou a reduzir direitos e adaptar as empresas às crises econômicas.

No Brasil, as convenções e os acordos coletivos têm sido utilizados ultimamente para tentar minorar o problema do desemprego ou então estabelecer alternativa para a não concessão de reajustes salariais. Exemplos são: a) a Lei n. 9.601/98, que instituiu o contrato de trabalho por tempo determinado com redução de encargos sociais, exigindo convenção ou acordo coletivo para a sua implementação; b) a suspensão temporária do contrato de trabalho, que tem fundamento no art. 476-A da CLT. Necessita de negociação com o sindicato para o seu estabelecimento; c) o contrato de trabalho a tempo parcial, descrito no art. 58-A da CLT. Para os empregados que já estavam na empresa quando da edição da norma, o regime a tempo parcial só pode ser adotado mediante opção manifestada perante a empresa, na forma prevista em instrumento decorrente de negociação coletiva (§ 2º do art. 58-A da CLT), pois pode implicar redução de salário; d) a participação nos lucros, em que a Medida Provisória n. 1.982 exige que as partes, de comum acordo, estabeleçam um dos seguintes procedimentos: 1) comissão escolhida pelas partes, integrada, também, por um representante indicado pelo sindicato da respectiva categoria; 2) convenção ou acordo coletivo.

As leis trabalhistas não são mais aptas a resolver todos os problemas que ocorrem na sociedade. A CLT foi editada em 1943, na época do corporativismo de Getúlio Vargas. Em certos aspectos é ultrapassada, necessitando ser revista.

Em decorrência do desemprego, que assola praticamente todos os países, das inovações tecnológicas, da internacionalização das economias e das crises econômicas constantes é preciso um sistema trabalhista dotado de maior flexibilidade. O regime trabalhista não pode continuar a ser rígido, em que o Estado tudo estipula. Deve haver maior espaço para a flexibilização das normas trabalhistas, indicando também um pluralismo democrático, porque não é apenas o Estado que estabelece normas trabalhistas, mas os próprios interessados. Podem as normas oriundas das próprias partes melhor se adaptar às crises, às inovações tecnológicas, por serem flexíveis.

A negociação coletiva é fundamental em épocas de crise, até para readmitir trabalhadores, como ocorreu no começo de 1999 com conhecida montadora. Ultimamente vem sendo negociada garantia de emprego em troca da supressão de certas vantagens já conquistadas pelos trabalhadores.

O Brasil, como leciona José Pastore, é o país do tudo ou nada: "ou contratamos com todos os direitos sociais de uma legislação superdetalhada ou contratamos sem nenhum direito social, no mercado informal e de modo ilegal"[13]. Em alguns casos é, contudo, possível estabelecerem-se condições de trabalho por meio de convenções e acordos coletivos, de modo que o sindicato possa controlar eventuais excessos do empregador.

A convenção coletiva não é uma delegação do Estado, mas um ajuste de vontades entre as próprias partes interessadas em estabelecer novas condições de trabalho. Decorre da autonomia da vontade das pessoas.

Não pode a convenção coletiva ser um instrumento de substituição da lei, mas uma forma de complementá-la.

Em certos casos, a convenção coletiva de trabalho tem-se tornado uma forma de gerência da empresa, em decorrência das crises econômicas.

Existe entre o econômico e o social uma relação dialética. O econômico provoca o social. O social reage sobre o econômico[14]. Camerlynck e Lyon-Caen mencionam que o Direito do Trabalho "procura consagrar tudo o que é socialmente desejável, entretanto só pode realizar o que for economicamente possível"[15]. Leciona Evaristo de Moraes Filho que o conteúdo do Direito do Trabalho é por excelência econômico[16]. O Direito do Trabalho está inserido em um contexto econômico. Não há como negar a influência de fenômenos econômicos na formulação das regras de direito. O político, porém, é que vai condicionar o que é o jurídico. O Direito deve, porém, atuar como regulador de desigualdades. Geralmente, verifica-se a igualdade formal. A igualdade material acaba sendo relegada para o plano econômico, criando desigualdades.

Em muitos anos, não existe muito que negociar nos dissídios coletivos, em virtude da crise econômica. Os sindicatos têm negociado manutenção do emprego em troca da redução da jornada e dos salários, pois é melhor ter o posto de trabalho, com salário menor, do que ficar desempregado[17].

No TRT da 2ª Região foram julgados: em 1991, 545 dissídios coletivos; em 1992, 425; em 1993, 491; em 1994, foram apresentados 768 dissídios coletivos e

---

13. PASTORE, José. O "custo Brasil" na área trabalhista (propostas para a modernização das relações do trabalho). Direito e processo do trabalho. *Estudos em homenagem a Octavio Bueno Magano*. São Paulo: LTr, 1996, p. 52.
14. FOURNIER, Jacques; QUESTIAUX, Nicole. *Traité du Social*: situations, luttes, politiques, institutions. Paris: 1976, p. 51-52.
15. CAMERLYNCK, G. H.; LYON-CAEN, Gérard. *Derecho del trabajo*. Buenos Aires: Aguilar, 1972, p. 25.
16. MORAES FILHO, Evaristo de. *Tratado elementar de direito do trabalho*. Rio-São Paulo: Freitas Bastos, s.d., v. I, p. 166.
17. Em 1994, o número de dissídios no TRT da 2ª Região foi de 768. Em 1995, de 672. Em 1996, de 530. Em 1997, de 417. Em 1998, de 304. Em 1999, 266, sendo 167 de greve.

julgados 582; em 1995, foram ajuizados 672 e julgados 488; em 1996, 530 e 342, respectivamente; em 1997, 417 e 242; em 1998, 304 e 182; em 1999, foram ajuizados 266, sendo 167 de greve e julgados 226; em 2000 foram julgados 189; em 2001, 166; em 2002, 125; em 2015, 170.

Nos tribunais regionais foram julgados 3.408 dissídios coletivos em 1991; 498 em 2002; 892, em 2010; 866, em 2011; 799, em 2012; 373, em 2013; 465, em 2014; 600, em 2015. No TST, foram 66 em 1991; 8 em 2002; 6, em 2010; 5, em 2011; 11, em 2012; 5, em 2013; 5, em 2014; 6, até novembro de 2015.

O empregador, por exemplo, não pode conceder na negociação coletiva mais do que pode pagar, pelo fato de que os seus custos provavelmente não poderão ser repassados para os preços de seus produtos ou serviços, pois o consumidor não os irá aceitar, além do que também irá reduzir os seus lucros. É necessário que as normas a serem observadas atentem para a sobrevivência da empresa, para que esta possa continuar oferecendo empregos aos trabalhadores, diante das suas possibilidades econômicas, mas também de acordo com as necessidades do trabalhador. É preciso, portanto, conjugar o binômio necessidade/possibilidade, em relação à prestação de alimentos. Como afirma Amauri Mascaro Nascimento, deve-se admitir uma terceira via[18], que é a observância do bem comum[19], não só adotando valores econômicos, mas também sociais (art. 5º da Lei de Introdução às Normas do Direito Brasileiro), de forma a assegurar a dignidade da pessoa humana, os valores sociais do trabalho e da livre-iniciativa (art. 1º, III, IV, da Constituição).

19.15 CONCLUSÃO

O Direito acaba formando-se espontaneamente nas coletividades.

A negociação coletiva é a mais ampla fonte autônoma do Direito do Trabalho, em que as próprias partes estabelecem seus direitos e obrigações.

O reconhecimento da negociação coletiva de trabalho implica também o reconhecimento do pluralismo jurídico no âmbito do Direito do Trabalho, pois as próprias partes podem elaborar normas, paralelas às estabelecidas pelo Estado. Mostra que o Estado não tem o monopólio de editar normas jurídicas.

Os grupos profissionais e econômicos têm autonomia para editar normas. Na elaboração dos estatutos da entidade sindical também são estabelecidas regras

---

18. NASCIMENTO, Amauri Mascaro. Um terceiro caminho para o direito do trabalho. A transição do direito do trabalho no Brasil. *Estudos em homenagem a Eduardo Gabriel Saad*. São Paulo: LTr, 1999, p. 18.
19. NASCIMENTO, Amauri Mascaro. Um terceiro caminho para o direito do trabalho, cit., p. 15.

paralelas às do Estado. No Brasil, o inciso XXVI do art. 7º da Constituição reconhece as convenções e os acordos coletivos e, em consequência, o seu conteúdo. O Estado aceitou a eficácia das convenções coletivas firmadas pelos sindicatos não apenas para seus sócios, mas também para a categoria. Essa norma pressupõe a harmonização entre a regra estatal e a negociada. Os sindicatos passam a editar normas obrigatórias para a categoria. As normas coletivas regulam situações não previstas em lei, ditadas pela realidade. O Direito do Trabalho vem da realidade social, devendo adaptar-se às necessidades da sociedade em evolução[20]. O reconhecimento pelo Estado das normas coletivas não pode, contudo, chegar a inviabilizar ou impedir a autonomia privada coletiva, não podendo ficar na dependência da vontade do Estado, que poderia limitá-la em demasia, a ponto de não poder ser exercida plenamente. O ideal é que o Estado não limitasse a autonomia privada coletiva, de forma que houvesse harmonização entre as normas de origem estatal e as normas decorrentes da negociação coletiva.

A minuciosa legislação trabalhista brasileira acaba sendo um dos fatores a inibir a negociação coletiva, pois quase tudo está disciplinado em lei. A rigidez excessiva da legislação estatal acaba desprotegendo o trabalhador, que fica na marginalidade, na informalidade.

O segundo elemento inibidor à negociação coletiva é o poder normativo da Justiça do Trabalho. Muitas vezes, as partes preferem a solução imposta à negociada. Há argumentos de empresas multinacionais que, ao justificarem os direitos determinados aos empregados, preferem dizer que a Justiça do Trabalho impôs o benefício e agora nada mais é possível fazer. Um aumento ou revisão de preços pode ser justificado em razão da decisão da Justiça do Trabalho. É muito mais cômodo esperar a solução da Justiça do que ficar discutindo condições de trabalho.

Um terceiro elemento inibidor é a legislação de política salarial, pois, se esta existe, não há como negociar aumentos salariais, porque o empregador vai seguir a previsão legal. Atualmente, não existe legislação estabelecendo política salarial.

Na maioria dos países latino-americanos, há excessiva intervenção do Estado na negociação coletiva, tornando seu procedimento rígido e formal, o que afeta seu conteúdo e seu nível de negociação. Seria recomendável que houvesse uma interferência mínima da legislação sobre esse assunto.

Para que haja plena liberdade de negociação coletiva, é mister que o ordenamento jurídico consagre a pluralidade sindical, podendo a negociação ser feita em qualquer nível e por qualquer sindicato.

---

20. SCHAAK, Robert. *Réflexions sur de droit social*. Luxemburgo: 1969, p. 16.

A negociação coletiva necessita da existência de sindicatos fortes, que possam pressionar o empregador nas reivindicações por melhores condições de trabalho.

A lei é uma espécie de roupa feita, pois acaba servindo para todos, mas não veste bem a ninguém, por ser genérica. A norma coletiva é uma roupa sob medida, por ser específica e negociada.

20
HIERARQUIA DAS NORMAS

20.1 INTRODUÇÃO

No Direito do Trabalho não há hierarquia entre as suas normas, tendo prevalência a que for mais benéfica para o trabalhador. Havendo mais de uma a ser aplicável, não será observada a de maior hierarquia, mas a mais favorável. Exceção ocorrerá quando a norma for de ordem pública.

O próprio direito positivo dá prevalência às normas oriundas de fontes negociais, quando consagra o princípio da norma mais favorável.

20.2 DIREITO ESTRANGEIRO

20.2.1 Argentina

Menciona o art. 9º da Lei do Contrato de Trabalho da Argentina que "em caso de dúvida sobre a aplicação de normas legais ou convencionais prevalecerá a mais favorável ao trabalhador, considerando-se a norma ou conjunto de normas que discipline cada uma das instituições do Direito do Trabalho".

20.2.2 Espanha

Depreende-se do art. 82 do Estatuto dos Trabalhadores que os convênios coletivos têm eficácia jurídica normativa, sendo aplicados imediata e automaticamente às relações individuais do trabalho. É vedada a contratação de condições inferiores às estabelecidas naquele instrumento, assim como a renúncia individual.

A manutenção das situações mais benéficas aplica-se apenas a condições contratuais e não às oriundas de normas legais.

20.2.3 França

Um empregador é obrigado pelas cláusulas de uma convenção ou de um acordo coletivo de trabalho, estas cláusulas se aplicam aos contratos de trabalho por ele concluídos, salvo disposições mais favoráveis.

20.2.4 Itália

O art. 2.113 do Código Civil, introduzido pelo art. 6º da Lei n. 533, de 11 de agosto de 1973, que fez a reforma do processo do trabalho, esclarece que "as renúncias e transações, que têm como objeto os direitos do trabalhador derivados das disposições inderrogáveis da lei e dos contratos ou acordos coletivos concernentes às relações citadas pelo art. 409 do Código de Processo Civil, não são válidas". A inderrogabilidade só ocorre, portanto, quando a norma é menos benéfica ao empregado.

Há, contudo, algumas exceções, como do art. 1º do Decreto-Lei n. 80, de 30 de março de 1978, que estabelece que se uma transferência da titulação da empresa em crise pode contribuir para resolvê-la, as organizações sindicais majoritariamente representativas dos trabalhadores e dos empresários podem concordar com as modalidades e os termos da transferência dos trabalhadores de uma empresa para outra. Reconhece-se, no caso, ao sindicato o poder de reduzir ou anular os direitos derivados da antiguidade pregressa dos trabalhadores da empresa em crise, visando facilitar a transferência e permitir a existência dos contratos de trabalho[1].

Gino Giugni mostra a possibilidade de ocorrerem três hipóteses de aplicação da norma menos favorável ao trabalhador: a) a derrogação *in peius* de normas inderrogáveis, quando depende da autonomia coletiva precedida de uma resolução do órgão público; b) quando a derrogação é atribuída a uma autoridade administrativa, com a consulta prévia do parecer das organizações majoritariamente representativas; c) a atribuição direta à autonomia coletiva de um poder limitado de derrogação sem mediação alguma do órgão público[2].

Atribui o Decreto-Lei n. 795, de 13 de dezembro de 1978, à Comissão Regional para o emprego o poder de derrogar as disposições vigentes em matéria de colocação, se tais derrogações tornarem-se necessárias para permitir a atuação de acordos sindicais voltados para obter o reemprego dos trabalhadores excedentes, que são os provenientes das empresas em processo de reestruturação e reconversão determinados pela Lei n. 675, de 1977.

---

1. GIUGNI, Gino. *Direito sindical*. São Paulo: LTr, 1991, p. 153.
2. GIUGNI, Gino. *Diritto sindacale*. 9. ed. Bari: Cacucci, p. 192.

Reza o Decreto-Lei n. 876, de 3 de dezembro de 1977, convertido com modificações na Lei n. 18, de 3 de fevereiro de 1970, ao tratar sobre contrato de trabalho por tempo determinado, que as derrogações podem ser autorizadas pela autoridade administrativa, após ouvir o parecer das associações sindicais majoritariamente representativas.

Determina a Lei n. 903, de 9 de dezembro de 1977, regras sobre a paridade entre homem e mulher em matéria do trabalho. O § 4º do art. 1º especifica que "eventuais derrogações às disposições precedentes são admitidas somente para encargos particularmente pesados, especificados pela contratação coletiva". Dispõe o art. 5º sobre a proibição de destinar o trabalho noturno para as mulheres nas empresas manufatureiras, permitindo a derrogação, mediante contratação coletiva, mesmo de empresa, em casos de exigências particulares da produção, considerando-se as condições ambientais de trabalho e da organização dos serviços. Não há, para os casos mencionados, nenhuma mediação da autoridade administrativa para efeito de estabelecer a derrogação da norma.

Disciplina a Lei n. 297, de 29 de maio de 1982, sobre o tratamento do fim da relação de emprego, determinando que a retribuição que deve ser verificada como base de cálculo pode ser diferentemente determinada pelos contratos coletivos, mesmo com regulamentação desfavorável.

Prevê a alínea *a* do art. 27 da Lei n. 1.774 que, além das hipóteses previstas pela Lei n. 230, de 18 de abril de 1962, a respeito do término da duração do trabalho, é possível a especificação em contratos coletivos nacionais de trabalho, estipulados entre as organizações filiadas às confederações majoritariamente representativas em plano nacional e por contratos coletivos locais ou de empresa.

Pode haver, porém, a derrogação *in mellius*. A Corte de Cassação já julgou que é possível a derrogabilidade *in mellius* do contrato coletivo, mesmo quando os tratamentos mais favoráveis estejam desligados de qualquer avaliação pessoal e se refiram a todos os empregados da empresa[3].

Prescreve o Decreto-Lei n. 12, de 1º de fevereiro de 1977, sobre escalas móveis. Dispõe o § 2º do art. 4º que "as normas regulamentares e as cláusulas contratuais que dispõem em contrário ao presente decreto são nulas de direito". Isso quer dizer que nem mesmo a contratação coletiva pode produzir derrogações *in mellius*. A Corte Constitucional, por meio das sentenças n. 141 e 142, de 30 de julho de 1980, rejeitou as alegações de inconstitucionalidade, porém não fundamentou devidamente sua posição, apenas afirmando que "até quando o art. 39 não for atuado, não se poderá nem se deverá formular hipóteses sobre conflito

---
3. Sent. Cass. n. 2.084, de 23 de maio de 1975.

entre atividade normativa dos sindicatos e atividade legislativa do Parlamento e chamar esta Corte para arbitrá-lo".

20.2.5 Luxemburgo

Determina o art. 2º da Lei de 7 de julho de 1937 de Luxemburgo, que trata de locação de serviços dos empregados privados, ser "lícito às partes contratantes introduzir estipulações diferentes ou complementares, desde que mais favoráveis ao empregado. É nula de pleno direito a cláusula que torna menos vantajosa a situação deste último". Nota-se a possibilidade de serem feitas alterações para melhor, de forma mais favorável ao empregado. As alterações *in peius* serão consideradas nulas.

20.2.6 México

Dispõe o art. 18 da Lei Federal do Trabalho do México que "em caso de dúvida prevalecerá a interpretação mais favorável ao trabalhador".

20.2.7 Portugal

As normas legais reguladoras de contrato de trabalho podem ser afastadas por instrumento de regulamentação coletiva de trabalho, salvo quando delas resultar o contrário (art. 3, 1 do Código de Trabalho). As normas legais reguladoras de contrato de trabalho não podem ser afastadas por portaria de condições de trabalho. As normas legais reguladoras de contrato de trabalho só podem ser afastadas por instrumento de regulamentação coletiva de trabalho que, sem oposição daquelas normas, disponha em sentido mais favorável aos trabalhadores quando respeitem às seguintes matérias: a) Direitos de personalidade, igualdade e não discriminação; b) Proteção na parentalidade; c) Trabalho de menores; d) Trabalhador com capacidade de trabalho reduzida, com deficiência ou doença crónica; e) Trabalhador-estudante; f) Dever de informação do empregador; g) Limites à duração dos períodos normais de trabalho diário e semanal; h) Duração mínima dos períodos de repouso, incluindo a duração mínima do período anual de férias; i) Duração máxima do trabalho dos trabalhadores noturnos; j) Forma de cumprimento e garantias da retribuição, bem como pagamento de trabalho suplementar; k) Teletrabalho; l) Capítulo sobre prevenção e reparação de acidentes de trabalho e doenças profissionais e legislação que o regulamenta; m) Transmissão de empresa ou estabelecimento; n) Direitos dos representantes eleitos dos trabalhadores; o) Uso de algoritmos, inteligência artificial e matérias conexas, nomeadamente no âmbito do trabalho nas plataformas digitais. As normas legais reguladoras de contrato de trabalho só podem ser afastadas por contrato individual que estabeleça condições mais favoráveis para o trabalhador, se delas não resultar o contrário. Sempre que uma norma legal reguladora de contrato de trabalho determine que a mesma pode ser afastada por instrumento de regulamentação coletiva de trabalho entende-se que o não pode ser por contrato de trabalho.

20.2.8 Uruguai

O abono natalino foi estendido de forma geral. O art. 5º da Lei n. 12.840 determinou que "a retribuição prevista pelas disposições da presente lei não se acumulará a retribuições similares reconhecidas convencional ou legalmente aos empregados ou operários. Nos ditos casos regerá cada ano o regime mais favorável ao trabalhador".

Dispõe o art. 7º da Lei n. 15.996 que "as disposições da presente lei se aplicarão sem prejuízo da validade dos regimes específicos, estabelecidos por lei, laudo ou convenção coletiva, em matéria de remuneração de horas extras mais favoráveis ao trabalhador". São mantidos, assim, os regimes específicos de remuneração de horas extras que sejam mais favoráveis, quando determinados por leis, laudos ou convenções coletivas[4].

20.2.9 Venezuela

Estabelece o art. 396 da *Ley Orgánica del Trabajo* que as convenções coletivas prevalecem sobre toda outra norma, contrato ou acordo, quando mais benéficas aos trabalhadores.

20.3 DIREITO INTERNACIONAL

Determina o n. 8 do art. 19 da Constituição da Organização Internacional do Trabalho que "em nenhum caso se poderá considerar que a adoção de uma convenção ou uma recomendação pela Conferência, ou a ratificação de uma convenção por qualquer membro, prejudicará qualquer lei, sentença, costume ou acordo que garanta aos trabalhadores condições mais favoráveis que as que figurem no convênio ou recomendação".

Na União Europeia, a Diretiva n. 77/187, no seu art. 7º, determina que os direitos dos trabalhadores na transferência de empresa, de estabelecimentos ou partes destes "não prejudica a faculdade dos Estados-membros de aplicar

---

4. PÉREZ DEL CASTILLO, Santiago. Hierarquia das fontes no direito do trabalho. *Estudos sobre as fontes do direito do trabalho*. Coordenação de Américo Plá Rodríguez. São Paulo: LTr, 1998, p. 62.

ou introduzir disposições legislativas, regulamentares ou administrativas mais favoráveis aos trabalhadores". Indica regras no mesmo sentido o art. 9º da Diretiva n. 91/383, que versa sobre a proteção da segurança e saúde dos trabalhadores contratados por tempo determinado ou interinamente e o art. 7º da Diretiva n. 91/583, que trata do direito de informação do trabalhador e obrigação de informar, por parte do empregador, em relação às condições aplicáveis ao contrato de trabalho.

20.4 LEGISLAÇÃO BRASILEIRA

Reza o art. 620 da CLT que as condições estabelecidas em convenção, quando mais favoráveis, prevalecerão sobre as estipuladas em acordo. Ao contrário, as condições estabelecidas em acordo coletivo prevalecerão sobre as contidas em convenção coletiva, se mais favoráveis. Pode-se aplicar na última parte o princípio da especialização, de que a norma especial prefere a geral, em caso de conflito.

Os contratos de trabalho não podem contrariar as regras contidas nas normas coletivas, quando estas são mais benéficas. Indica o art. 444 da CLT a possibilidade de as partes no pacto laboral estabelecerem condições de trabalho, que, porém, não poderão contrariar as normas coletivas. Determina o art. 619 da CLT que nenhuma disposição do contrato individual de trabalho que contrarie normas de convenção ou acordo coletivo de trabalho poderá prevalecer na sua execução, sendo considerada nula. Essa regra é complementada pelo art. 622 da CLT, ao dispor que "os empregados e as empresas que celebrarem contratos individuais de trabalho, estabelecendo condições contrárias ao que tiver sido ajustado em convenção ou acordo coletivo que lhes for aplicável, serão passíveis de multa neles fixada".

A autonomia individual não pode modificar *in peius* normas legais ou coletivas. O empregado, no estado de sujeição que se encontra na vigência do contrato de trabalho, não tem condições de negociar com o empregador e acaba renunciando a direitos trabalhistas.

Caracteriza-se uma situação em que não se aplica a norma mais favorável quando o decreto contrariar a lei, ainda que estabelecendo condição mais benéfica ao trabalhador, pois será ilegal. No ordenamento jurídico brasileiro, não existem os regulamentos autônomos, mas apenas os regulamentos de execução (art. 84, IV, da Constituição), que visam esclarecer o conteúdo da lei.

A norma estatal no Direito do Trabalho só é observada em certas circunstâncias.

A primeira hipótese ocorre quando determina regras de ordem pública, que não podem ser modificadas pelas partes, sendo um mínimo assegurado ao trabalhador. É o caso da observância da norma mínima contida na Constituição ou nas leis. Não seria possível, por exemplo, estabelecer adicional de horas extras inferior a 50%, previsto no inciso XVI do art. 7º da Constituição ou adicional noturno inferior a 20% (art. 73 da CLT), quando a disposição seria inválida. Nada impede, porém, que a norma coletiva estipule porcentual superior ao indicado.

A segunda hipótese ocorre quando for contrariada a política econômica do governo. A norma coletiva encontra, portanto, limite na proibição do Estado. É expresso o art. 623 da CLT no sentido de que será nula disposição de convenção ou acordo coletivo que, direta ou indiretamente, contrarie proibição ou norma disciplinadora da política econômico-financeira do governo ou concernente à política salarial vigente, não produzindo quaisquer efeitos.

Entendem Paul Durand e René Jaussaud que a comparação entre as normas deve verificar a situação da coletividade interessada, não pela apreciação subjetiva dos interessados, mas objetivamente, de acordo com os motivos que inspiram a regra hierarquicamente superior[5].

Menciona Manuel Alonso Olea que o princípio *pro operario* não é senão uma versão da irrenunciabilidade.

O princípio da interpretação mais favorável ao empregado não se aplica, porém, em matéria de prova, em que deve ser verificado o ônus da prova, para constatar se a pessoa provou ou não suas alegações no processo.

Em certos casos específicos, a própria norma constitucional permite o estabelecimento de situações *in peius*. Exemplos estão no: a) inciso VI do art. 7º da Constituição, que permite a redução de salários, porém apenas por convenção ou acordo coletivo; b) inciso XIII do art. 7º da Lei Maior, que possibilita a compensação da jornada de trabalho, mediante acordo ou convenção coletiva; c) inciso XIV do art. 7º da Lei Magna, que admite turno ininterrupto de revezamento superior a seis horas, desde que seja estabelecido por intermédio de negociação coletiva.

Na França, Lei de 13 de novembro de 1982 prevê a possibilidade de serem determinados acordos coletivos derrogatórios, que estabelecem situações *in peius*.

Se, porém, a previsão da norma coletiva for menos benéfica do que a própria previsão legal, aplica-se esta última, por ser norma de ordem pública, que prevalece sobre o acordado pelas partes.

Havendo duas normas coletivas a serem aplicáveis, várias teorias justificam a regra a ser observada.

---

5. DURAND, Paul; JAUSSAUD, René. *Traité du droit du travail*, I. Paris: Dalloz, 1947, p. 173.

A primeira teoria é a da acumulação, que declara dever ser verificada cláusula a cláusula, aplicando individualmente a que for a melhor. Haveria, inclusive, a incorporação das cláusulas mais benéficas no contrato de trabalho.

Uma segunda teoria seria a comparação de instituto por instituto, aplicando a cláusula normativa mais favorável ao empregado.

A outra teoria é a do conglobamento, em que não podem ser verificadas cada uma das cláusulas, pois haveria multiplicidade de regimes. A norma coletiva envolve concessões bilaterais. Se houvesse a aplicação de uma cláusula e não de outra, haveria o rompimento do sinalagma contratual. Assim, deveria ser observado o conjunto das cláusulas mais favoráveis. Tendo duas normas a mesma hierarquia, deve-se optar por apenas uma delas: a que for mais favorável.

Prescreve o art. 84 do Estatuto dos Trabalhadores da Espanha que um convênio coletivo, durante sua vigência, não poderá ser afetado pelo disposto em convênios de âmbito distinto, salvo pacto em contrário.

Alguns contratos coletivos italianos previam a chamada "cláusula de incindibilidade", em que uma das cláusulas da norma coletiva estabelece que devem ser aplicadas de forma integral, sem que sejam observadas individualmente certas cláusulas.

A jurisprudência predominante na Itália tem entendido que não se observa a norma no seu conjunto para verificar a mais favorável, nem cada cláusula, mas cada instituto[6].

---

6. Sent. Cass. ns. 3.253, de 17 de maio de 1980; 4.968, de 21 de agosto de 1981, e 5.115, de 15 de setembro de 1981.

21
PLURALISMO SINDICAL

21.1 DIREITO INTERNACIONAL E ESTRANGEIRO

Algumas normas internacionais são expressas quanto à possibilidade de livre criação e associação ao sindicato.

Prevê a Convenção n. 87 da OIT o pluralismo sindical. Seu art. 2º assegura que os trabalhadores e empregadores têm direito, sem prévia autorização, de constituir as organizações que entenderem melhor, de filiar-se a essas organizações, com a única condição de cumprir os estatutos sindicais. Determina o art. 3º que os interessados têm direito de eleger livremente seus representantes, de organizar sua gestão e formular seu programa de ação. As autoridades públicas não podem intervir ou interferir na atividade sindical. Veda-se que os sindicatos sejam dissolvidos pela via administrativa.

Trata a Convenção n. 98 da OIT sobre o direito de sindicalização e de negociação coletiva. Os trabalhadores devem ser protegidos contra atos de discriminação que afetem a liberdade sindical em matéria de emprego. O trabalhador não pode ficar subordinado à condição de ser empregado caso não se filie a um sindicato ou deixe de fazer parte da agremiação. O trabalhador não pode ser dispensado em razão de ter sido filiado ao sindicato.

O Pacto Internacional sobre Direitos Econômicos Sociais e Culturais foi aprovado na XXI Sessão da Assembleia Geral das Nações Unidas, em Nova York, em 19 de dezembro de 1966. Foi aprovado pelo Decreto Legislativo n. 226, de 12 de dezembro de 1991. Sua promulgação ocorreu pelo Decreto n. 591, de 6 de julho de 1992. Determina no art. 8º que os Estados pactuantes comprometem-se a garantir o direito de toda pessoa de fundar sindicatos e de filiar-se ao sindicato de sua escolha, sujeitando-se unicamente aos estatutos da organização interessada, com o objetivo de promover e proteger seus interesses econômicos e sociais. O exercício desse direito só poderá ser objeto das restrições previstas em lei e que sejam necessárias, em uma sociedade democrática, no interesse da segurança nacional ou da ordem pública, ou para proteger os direitos e as liberdades alheias.

A Declaração Universal dos Direitos do Homem estabelece o "direito à liberdade de reunião e associação pacíficas" (art. XX). "Todo homem tem direito a organizar sindicatos e a neles ingressar para proteção dos seus interesses" (art. 23, n. 4).

Na França, o preâmbulo da Constituição de 1946, incorporado pela de 1958, permite que todo homem pode defender seus direitos e interesses por meio da ação sindical, indicando que o grupo sindical atua com autonomia.

A Itália tinha um sistema corporativista. A Declaração III da *Carta del Lavoro* de 1927 determinava: "a assistência sindical ou profissional é livre. Somente o sindicato legalmente reconhecido e posto sob o controle do Estado tem o direito de representar legalmente toda a categoria dos empregadores ou dos trabalhadores, para os quais é constituído; de defender-lhes os interesses perante o Estado e as outras associações profissionais; de estipular contratos coletivos de trabalho obrigatórios para todos os pertencentes à categoria; de impor-lhes contribuições sindicais e de exercer em relação a eles funções delegadas de interesses públicos". Verificava-se que não havia liberdade sindical, tal como mencionava a primeira parte do comando legal, pois havia apenas um único sindicato, que seria reconhecido pelo Estado. O sindicato exercia atividade estatal delegada de serviço público. Logo, não tinha natureza privada. Esse regime sindical autoritário foi extinto pelo Decreto-Lei n. 369, de 23 de novembro de 1944.

Prevê a Constituição peruana que o Estado reconhece aos trabalhadores o direito à sindicalização, sem autorização prévia (art. 51). O sindicato é autônomo, não existindo interferências governamentais[1]. Os estatutos sindicais devem ter normas sobre a composição e atribuições da assembleia geral e maioria absoluta para dissolução do sindicato (DLRCT, arts. 21 a 23).

Na Argentina, os estatutos do sindicato estão sujeitos aos princípios da lei sindical (*Ley* n. 23.551 e Decreto n. 467, de 1988).

No México, o estatuto é elaborado pelo sindicato (art. 359 da Lei Federal de Trabalho), devendo dispor obrigatoriamente (art. 371) sobre condições de admissão de seus membros, direitos, obrigações e punições disciplinares dos sócios, bases para convocação de assembleias, eleições, mandato dos diretores e o número respectivo, contribuições sindicais, prestação de contas.

Na Venezuela, os sindicatos podem redigir seus estatutos e regulamentos (art. 423 da *Ley Orgánica del Trabajo*). A lei prevê diversos requisitos (arts. 408 e 409) e certas obrigações dos sindicatos em relação à Inspeção do Trabalho (art. 430).

---

1. ANGULO, Jorge. *Manual de legislación del trabajo y de la seguridad social*. Trujillo-Perú, 1980, p. 418.

A Constituição portuguesa declara que "as associações sindicais são independentes do patronato, do Estado, das confissões religiosas, dos partidos e outras associações políticas (...)" (art. 55º, 4). Gomes Canotilho e Vital Moreira entendem que tal preceito consagra o direito à atividade sindical autônoma[2].

21.2 O SISTEMA BRASILEIRO

O Decreto n. 19.443, de 26 de novembro de 1930, atribuía aos sindicatos funções delegadas de poder público. A organização das forças econômicas era determinada pelo Estado, dando origem ao sistema corporativista brasileiro.

Exigiu o Decreto n. 19.770, de 19 de março de 1931, que o sindicato teria de ser reconhecido pelo Ministério do Trabalho para adquirir personalidade jurídica. Foi instituído o sindicato único para cada profissão numa mesma região. Era vedado ao sindicato exercer atividade política e também filiar-se a entidades internacionais sem autorização do Ministério do Trabalho.

Em outros países, o sindicato nasceu das bases, como na Inglaterra, França e Alemanha. No Brasil, ocorreu a situação inversa, ou seja, houve imposição do Estado quanto à sua formação. Apesar de se falar em pluralidade sindical, esta não existia, pois o sindicato nascia atrelado ao Estado, não sendo independente.

Fazia referência a Constituição de 1934 à pluralidade sindical. O art. 120 especificava que "os sindicatos e associações profissionais serão reconhecidos de conformidade com a lei". Determinava o parágrafo único do mesmo artigo que "a lei assegurará a pluralidade sindical e a completa autonomia dos sindicatos". O Decreto n. 24.694, de 1934, estabelecia, porém, que haveria um único sindicato.

Copiava o art. 138 da Constituição de 1937 a *Carta del Lavoro* italiana. Mencionava que a associação profissional era livre, porém somente o sindicato regularmente reconhecido pelo Estado teria direito de representação legal dos que participassem da categoria de produção para a qual foi constituído, de defender-lhes os direitos perante o Estado e as outras associações profissionais, estipular contratos coletivos de trabalho obrigatórios para todos os seus associados, impondo-lhes contribuições e exercendo funções delegadas de poder público. A economia da produção era organizada em corporações (art. 140).

A regulamentação do sindicato único foi feita pelo Decreto n. 1.402, de 5 de julho de 1939. O Estado poderia intervir ou interferir no sindicato. Só se

---

2. CANOTILHO, José Joaquim Gomes; MOREIRA, Vital. *Constituição da República portuguesa anotada*. Coimbra: Coimbra, 1980, p. 152.

permitia um único sindicato por categoria econômica ou profissional na mesma base territorial (art. 6º). Havia, portanto, unicidade sindical.

Rezava o art. 159 da Constituição de 1946 ser livre a associação profissional ou sindical, mas era feita menção ao exercício de função delegada de poder público pelo sindicato. A lei iria tratar do tema, que mencionava que haveria apenas um único sindicato, que seria reconhecido pelo Ministério do Trabalho.

A Constituição de 1967, mais um vez, estabelecia ser livre a associação profissional ou sindical (art. 159). O sindicato exerce função delegada de poder público, de acordo com a previsão legal.

O art. 166 da Emenda Constitucional n. 1, de 1969, repetiu a redação do art. 159 da Constituição de 1967.

Prevê o inciso V do art. 1º da Constituição de 1988 o pluralismo político como fundamento da República Federativa do Brasil. Nesse pluralismo deveria estar compreendido o pluralismo sindical, mas não é isso que ocorre.

Estipula o art. 8º da Lei Magna de 1988 que "é livre a associação profissional ou sindical". Não há, porém, essa liberdade. O inciso II do art. 8º da Lei Magna veda a criação de mais de uma organização sindical, em qualquer grau, representativa de categoria profissional ou econômica, na mesma base territorial, que será definida pelos trabalhadores ou empregadores interessados, não podendo ser inferior à área de um município.

O sistema sindical brasileiro é estabelecido por categorias. É o que se verifica, por exemplo, dos incisos II, III e IV do art. 8º da Lei Maior.

Há, porém, dois aspectos a destacar sobre a liberdade sindical. O primeiro é que a lei não poderá exigir autorização do Estado para a fundação de sindicato, sendo vedadas ao Poder Público a interferência e a intervenção na organização sindical (art. 8º, I, da Constituição). O segundo ponto diz respeito ao fato de que ninguém é obrigado a filiar-se ou manter-se filiado a sindicato (art. 8º, V, da Lei Magna).

Haveria conflito de normas entre o inciso V do art. 1º da Constituição e o inciso II do art. 8º do mesmo conjunto de leis?

Existem três critérios para solucionar os conflitos entre normas. O primeiro é o cronológico, o segundo é o hierárquico e o terceiro o da especialidade[3].

No primeiro critério, o conflito é resolvido pela prevalência da norma posterior em relação à anterior: *lex posterior derogat priori*[4].

---

3. BOBBIO, Norberto. *Teoria do ordenamento jurídico*. 8. ed. Brasília: UnB, 1996, p. 92.
4. BOBBIO, Norberto. *Teoria do ordenamento jurídico*, cit., p. 92-93.

No segundo critério, a norma de maior hierarquia impõe-se sobre a de menor hierarquia: *lex superior derogat inferiori*[5].

No terceiro critério, a norma especial prevalece sobre a geral: *lex specialis derogat generali*[6].

Nenhum valor tem o primeiro critério para efeito de dirimir a dúvida, pois as duas normas fazem parte da Constituição desde 5 de outubro de 1988 e não sofreram alteração. Ambas pertencem ao mesmo texto constitucional e foram editadas na mesma data. Não há como falar que a norma mais antiga foi revogada pela mais recente.

O critério da especialidade não resolve a questão. Não há como se dizer qual é a norma especial e qual é a geral dos dois preceitos.

Outro critério seria aplicar um princípio de maior valor sobre o de menor valor. Mesmo assim, não haveria como se falar em distinção entre um e outro.

Alguns doutrinadores não aceitam hierarquia entre as normas constitucionais. José Carlos Vieira de Andrade admite que "a ordem dos valores constitucionais não é hierárquica e não permite, por isso, soluções abstratas conforme as eventuais patentes a que se promovam os diversos direitos fundamentais"[7].

Haveria, assim, a interpretação de acordo com o princípio da unidade da Constituição, segundo o qual "todas as normas contidas numa constituição formal têm igual dignidade (não há normas só formais, nem hierarquia de supra-infra-ordenação dentro da lei constitucional)"[8].

No STF há acórdão mencionando que: "As teses de que há hierarquia entre normas constitucionais originárias dando azo à declaração de inconstitucionalidade de umas em face de outras é impossível com o sistema de Constituição rígida"[9].

Em outro julgado, o STF decidiu: "(...) inexistem, entre as normas inscritas no ADCT e os princípios constantes da Carta Política, quaisquer desníveis ou desigualdades quanto à intensidade de sua eficácia ou à prevalência de sua autoridade"[10].

---

5. BOBBIO, Norberto. *Teoria do ordenamento jurídico*, cit., p. 93.
6. BOBBIO, Norberto. *Teoria do ordenamento jurídico*, cit., p. 96.
7. ANDRADE, José Carlos Vieira de. *Os direitos fundamentais na Constituição portuguesa de 1976*. Coimbra: Almedina, 1987, p. 222.
8. CANOTILHO, José Joaquim Gomes. *Direito constitucional*. Coimbra: Almedina, 1992, p. 197.
9. STF, Pleno, ADIn 8135-3/DF, Rel. Min. Moreira Alves, *Boletim da AASP* n. 1987, de 22 a 28 de janeiro de 1997, p. 7.
10. STF, 1ª T., RE 149.992-3, Rel. Min. Celso de Mello, *DJU* de 7-2-1997, p. 1.352.

Kruger e Giese, citados por Otto Bachof[11], admitem a hierarquia entre normas constitucionais.

Não há unanimidade de posicionamentos na doutrina sobre o tema.

Canotilho afirma que "a probabilidade de uma norma constitucional originariamente inconstitucional é praticamente impossível em estados de legalidade democrática. Por isso é que a figura das normas constitucionais inconstitucionais, embora nos reconduza ao problema fulcral da validade material do direito, não tem conduzido a soluções práticas dignas de registro"[12].

No Brasil, não há hierarquia entre as normas contidas na Constituição, que estão num mesmo patamar.

É de ressaltar que certas normas contidas na Constituição têm mais valor que outras, como o princípio da igualdade de todos perante a lei (art. 5º, *caput*), do princípio da legalidade (art. 5º, II), que é elemento basilar do Estado de Direito, segundo Manoel Gonçalves Ferreira Filho[13]. Prevalecem, portanto, sobre a regra do § 2º do art. 242 da Constituição, que prevê que "o Colégio Pedro II, localizado na cidade do Rio de Janeiro, será mantido na órbita federal". Essa regra tem menor importância que as demais, que são princípios constitucionais que informam ou orientam outras regras.

Em outros casos, o próprio constituinte considerou que certas normas têm mais importância do que outras. O § 4º do art. 60 da Lei Magna prevê que os direitos e garantias individuais não serão objeto de deliberação de proposta de emenda tendente a aboli-los da Constituição (IV). É sinal, num primeiro momento, que têm maior importância do que outros.

Seria uma hipótese de antinomia normativa, como menciona Tercio Sampaio Ferraz Junior[14].

Um critério de hermenêutica constitucional seria, havendo colisão de normas, interpretá-las de forma a "comprimir o menos possível cada um dos valores em causa segundo o seu peso na situação"[15]. O intérprete deve adequar o alcance das disposições em conflito, de modo que uma delas sofra a menor limitação possível, ponderados os "valores inerentes aos princípios que deverão prevalecer"[16].

---

11. BACHOF, Otto. *Normas constitucionais inconstitucionais?* Coimbra: Atlântida, 1977, p. 55.
12. CANOTILHO, José Joaquim Gomes. *Direito constitucional.* 5. ed. Coimbra: Almedina, 1991, p. 241.
13. FERREIRA FILHO, Manoel Gonçalves. *Comentários à Constituição brasileira de 1988*, São Paulo: Saraiva, 1990, v. 1, p. 28.
14. FERRAZ JUNIOR, Tercio Sampaio. Antinomia. *Enciclopédia Saraiva de Direito.* São Paulo: Saraiva, 1978, v. 7, p. 9 a 18.
15. ANDRADE, José Carlos Vieira de. *Os direitos fundamentais na Constituição portuguesa de 1976.* Coimbra: Almedina, 1987, p. 223.
16. MIRANDA, Jorge. *Manual de direito constitucional.* Coimbra: Coimbra, 1983, t. II, p. 229.

Maria Helena Diniz entende que no trabalho de adequação de normas colidentes haveria verdadeira "interpretação corretiva"[17]. Segundo essa teoria, procura-se coordenar os diversos preceitos constitucionais contraditórios, interpretando-os em conjunto e não isoladamente, para evitar "o sacrifício total de uns em relação aos outros"[18].

O intérprete, porém, não pode corrigir o legislador. Seria admissível ao juiz interpretar a norma de forma a adequá-la aos seus fins sociais e às exigências do bem comum, conforme previsão do art. 5º da Lei de Introdução às Normas do Direito Brasileiro.

Dessa forma, há necessidade de interpretação sistemática da norma dentro do contexto da Constituição.

Enquanto o inciso V do art. 1º da Lei Magna faz referência a um pluralismo político num sentido amplo, que diz respeito às igrejas, partidos políticos etc., o inciso II do art. 8º da Constituição é mais restrito ao sindicato, que não deve fazer política, segundo a CLT (art. 521, d).

Reza o art. 17 da Constituição sobre a liberdade de criação, fusão, incorporação e extinção de partidos políticos, fato que a Constituição anterior não permitia integralmente.

O ideal seria a possibilidade de que o pluralismo fosse bastante amplo e não restrito ao aspecto político, pois aí haveria pluralismo sindical também. Da forma como a Constituição está redigida, o pluralismo político não se refere ao sindicato, pois a interpretação sistemática revela que em outro ponto da Lei Magna permite-se a criação de apenas uma entidade sindical em dada base territorial (art. 8º, II).

Nesse aspecto, não se pode dizer que há inconstitucionalidade da Constituição, segundo a teoria de Otto Bachof, em que haveria contradição entre normas constitucionais de grau inferior com as de grau superior[19].

Menciona o art. 8º da Constituição que "é livre a associação profissional ou sindical". Prevê o inciso V do mesmo artigo que ninguém é obrigado a filiar-se ou manter-se filiado a sindicato. O inciso II do art. 8º da Lei Maior veda a criação de mais de uma organização sindical, em qualquer grau, representativa de categoria profissional ou econômica, na mesma base territorial.

Impede, porém, o inciso II do art. 8º da Constituição a ratificação da Convenção n. 87 da OIT, pois esta preconiza a liberdade sindical ampla.

---

17. DINIZ, Maria Helena. *Norma constitucional e seus efeitos*. São Paulo: Saraiva, 1989, p. 115.
18. CANOTILHO, José Joaquim Gomes. *Direito constitucional*. Coimbra: Almedina, 1992, p. 234.
19. BACHOF, Otto. *Normas constitucionais inconstitucionais?* Coimbra: Atlântida, 1977, p. 54-59.

Nossa Constituição evoluiu, pois hoje já dispõe que ninguém será obrigado a filiar-se ou a manter-se filiado a sindicato (art. 8º, V), regra que faz parte da Convenção n. 87 da OIT e que não era prevista expressamente na Constituição anterior.

De um ângulo pluralista, por exemplo, o sindicato não deveria representar a categoria, por determinação legal. No pluralismo sindical, há ampla liberdade da pessoa de constituir o sindicato que quiser, nele ingressar, permanecer ou dele se retirar, como preconiza a Convenção n. 87 da OIT. O sindicato deve poder ser criado sem quaisquer limites, a não ser os dos interessados, podendo ser constituído por empresa, por bairro, por cidade, por região, por estado e até nacionalmente. Não é o que ocorre no Brasil, diante da determinação do inciso II do art. 8º da Constituição, que veda a criação de mais de um sindicato na mesma base territorial, não podendo ser inferior à área de um município. No modelo pluralista, há a total desvinculação entre o Estado e o sindicato. O Estado, inclusive, não pode intervir ou interferir na atividade sindical, que é o que determina hoje o inciso I do art. 8º da Lei Magna.

A imposição de contribuição sindical por meio de lei também é incompatível com a pluralidade sindical, pois o Estado fica com uma parte da contribuição (art. 589, IV, da CLT). A exigência é compulsória para todos os membros da categoria, sejam associados ou não, independendo da vontade da pessoa de contribuir e desnaturando a autonomia sindical.

No âmbito no Mercosul, Argentina, Paraguai e Uruguai ratificaram a Convenção n. 87 da OIT. O Brasil ainda não o fez, diante do impedimento constitucional, que são os incisos II e IV do art. 8º da Lei Maior. No Uruguai, nem há lei sindical, mas a aplicação daquela norma da OIT. Há necessidade, portanto, de modificação da Constituição para atender ao princípio da liberdade sindical e para o Brasil poder ratificar a Convenção n. 87 da OIT.

21.3 CRÍTICA

O Estado pode limitar e regular as associações, mas não pode suprimir a liberdade de associação, pois esta é inerente à vida humana. Deve, portanto, reconhecer, respeitar e incentivar essa liberdade.

O sindicato deve poder atuar livremente, sendo criado de acordo com os interesses das pessoas. O campo de atuação do sindicato não pode ser imposto ou limitado pela lei.

Na pluralidade sindical, as centrais sindicais são reconhecidas, o que não ocorre no Brasil, em que o sindicato é criado por categorias (art. 8º, II, III, IV, da Constituição), sendo estabelecido no sistema piramidal: sindicato, federação e confederação, como indicam o inciso IV do art. 8º e estavam dispostos nas antigas redações do § 2º do art. 111 e do inciso III do art. 115 da Constituição. O sistema confederativo constitucional não reconhece a existência das centrais sindicais, embora estas tenham previsão legal no § 3º do art. 18 da Lei n. 7.998/90, no § 3º do art. 3º da Lei n. 8.036/90, § 2º do art. 3º da Lei n. 8.213/91.

No sistema brasileiro, deveria ser abolido o sindicato por categoria, sendo criados os sindicatos livremente, inclusive por empresa, que pode atender às peculiaridades de cada unidade empresarial, pois a empresa é o centro da atividade econômica.

No Brasil, apesar da unicidade sindical, em setembro de 1996, o Ministério do Trabalho contou 15.972 sindicatos, sendo: a) na área urbana: 2.790 de empregadores, 5.621 de empregados, 461 de profissionais liberais, 572 de autônomos, 1.335 de servidores públicos; b) na área rural, 2.095 sindicatos de empregadores e 3.098 de empregados.

Em 2014 existiam:

	Sindicatos	Federações	Confederações	Total
trabalhadores	10.392	357	28	10.777
empregadores	4.936	154	10	5.100
total	**15.328**	**511**	**38**	**15.877**

Em 2023 havia 16.431 sindicatos, sendo 11.257 de trabalhadores e 5.174 de empregadores.

A despeito da unicidade sindical determinada pela Constituição, há, na prática, uma pluralidade sindical, tantos os sindicatos existentes. Como afirma Arion Sayão Romita, há uma unicidade sindical de direito e uma pluralidade de fato[20].

Na Alemanha, os próprios interessados resolveram diminuir o número de sindicatos existentes para 17[21], indicando a unidade sindical, determinada pelos próprios beneficiados e não imposta pelo Estado.

A fragmentação em vários sindicatos pode, de fato, diminuir a possibilidade de reivindicações e reduzir a defesa da classe trabalhadora, pois introduz a

---

20. ROMITA, Arion Sayão. Unidade e pluralidade sindical. Direito do trabalho. *Temas em aberto*. São Paulo: LTr, 1998, p. 500.
21. Antônio Álvares da Silva afirma que o sindicalismo alemão foi constituído pelo princípio de que a cada empresa corresponde um sindicato, principalmente após a Segunda Guerra Mundial, em que foram formados 17 sindicatos organizados para atuar em relação a determinadas atividades econômicas, tendo como central a poderosa Liga Sindical Alemã (*Pluralismo sindical na nova Constituição. Perspectivas atuais do sindicalismo brasileiro*. Belo Horizonte: Del Rey, 1990, p. 33).

competição entre os sindicatos. Quanto mais sindicatos, mais diluído fica o seu poder de negociação e de pressão.

É muito cômodo o sistema do sindicato único, estabelecido por categoria, pois a Constituição impede a criação de outros sindicatos na mesma base territorial, que não poderá ser inferior à área de um município (art. 8º, II). A existência de uma contribuição sindical obrigatória mantém no poder praticamente as mesmas pessoas, sem que muitos se esforcem para conseguir melhores condições para a categoria. É a ideia do sindicato de cofres cheios e assembleias sindicais vazias, pois não interessa concorrência entre os seus dirigentes, que assim se tornam vitalícios, como muitas vezes ocorre.

Os interessados podem verificar que a união espontânea dos sindicatos pode trazer melhores resultados, como de maior poder de pressão, de melhor organização e, em consequência, de um poder maior de reivindicação. É o que ocorreu na Alemanha, em que, unidos, os sindicatos têm maior poder de reivindicação. A concorrência entre os vários sindicatos existentes pode levar à união. Separados, não têm força reivindicatória. Unidos, espontaneamente, o seu poder de pressão e de reivindicação é muito maior. Maus sindicatos tendem a desaparecer ou fundir-se com outros, em razão da falta de representatividade. O sindicato será representativo se prestar bons serviços, conseguindo melhores condições de trabalho aos seus associados. O ideal, portanto, é que o sindicato tenha representatividade, seja representativo e não que tenha representação sobre dada base territorial, como determina a lei.

Fica, em parte, prejudicado o pluralismo político, quando o inciso II do art. 8º da Lei Magna ainda trata da unicidade sindical. Esse aspecto é originário dos regimes totalitários, em que a legislação estatal limita a criação do sindicato. É hora de o tema ser modificado, fazendo-se a devida reforma na Constituição de modo a admitir a pluralidade sindical, com a modificação do inciso II do art. 8º, da extinção do sindicato por categoria. Só assim se poderá falar na plena liberdade sindical e, por consequência, num abrangente pluralismo político.

A democracia é o sistema mais aceitável socialmente, de modo a valorizar a liberdade das pessoas, incluindo a sindical. No dizer de Abraham Lincoln, é o governo do povo, pelo povo e para o povo[22]. O pluralismo sindical nada mais é do que a democracia aplicada no âmbito da organização sindical.

Onde existe pluralismo sindical, a tendência é a formação de sindicatos por empresa.

---

22. Não se trata, portanto, da orientação de Frederico, o Grande, que usava o princípio eudemonístico de "tudo para o povo, nada, porém, pelo povo".

22
CONCLUSÃO

Para o estudo do pluralismo do Direito do Trabalho foi preciso verificar a Teoria do Estado e a Filosofia do Direito, que dão subsídios para a análise da matéria. Isso mostra que a questão é interdisciplinar, pois o tema é comum a mais de um ramo do gênero Direito. Existe, portanto, uma relação entre as várias disciplinas do Direito, que tem uma pluralidade de normas jurídicas.

Há, de fato, um pluralismo jurídico, porém coordenado dentro de uma hierarquia das normas e de um ordenamento geral e mais amplo, que é o do Estado. Este mantém a unidade do sistema.

À medida que a sociedade se desenvolve e multiplicam-se os corpos intermediários, aumentam, também, os ordenamentos em razão da multiplicidade das relações.

O pluralismo do Direito do Trabalho é uma parte do pluralismo, inserido no segmento do pluralismo jurídico.

O Direito é multiforme, não sendo representado apenas pela lei. A norma do Estado não concentra todo o Direito Positivo, que surge também dos grupos. Há, portanto, normas estatais, negociais e consuetudinárias.

O Estado Democrático de Direito consagra o pluralismo jurídico, pois se verifica que não é apenas o Estado o único a editar normas. A democracia é exercitada com base na existência de várias normas jurídicas, não só as oriundas do Estado, mas também as provenientes das próprias partes envolvidas, inclusive para regular as condições de trabalho.

O ideal não é a luta de classes, com um regime de Estado intervencionista. A melhor solução é a cooperação entre o capital e o trabalho, estabelecendo o Estado regras mínimas de forma a regular a relação entre o trabalhador e o empregador.

No contemporâneo Estado Democrático de Direito, já não há lugar para determinações autoritárias e corporativas, como as contidas na CLT, que regulam minuciosamente as condições de trabalho, não tendo como se adaptar à globalização, às crises e às novas tecnologias. No Brasil, a maioria das regras trabalhistas está determinada na lei, na norma estatal, que é excessivamente protetora e detalhista. Deve haver maior espaço também para a regulação das condições de trabalho pelas próprias partes.

O Direito do Trabalho é, por excelência, revelador do pluralismo jurídico. Tem uma pluralidade de normas e uma pluralidade de fontes normativas. Em outros ramos do Direito só existe praticamente a norma estatal, a lei. Não há possibilidade de negociação, como no Direito Penal, no Direito Tributário, que estão adstritos ao princípio da estrita legalidade. No Direito do Trabalho, a lei não é a única fonte de normas jurídicas. A fonte pode ser a vontade das partes, como o contrato de trabalho, o regulamento de empresa, a convenção coletiva, a norma decorrente do Direito Internacional ou das comunidades internacionais, além dos usos e costumes que surgem no âmbito das empresas. Há, portanto, um campo muito grande de atuação da norma trabalhista, indicador do pluralismo jurídico. É o Direito do Trabalho a patente concretização do pluralismo jurídico.

O ordenamento jurídico do trabalho é misto, pois envolve normas heterônomas e autônomas. Há normas que são originárias do Estado e outras que são provenientes das próprias partes.

Consagra o art. 8º da CLT o pluralismo jurídico do Direito do Trabalho, pois indica que esse ramo do Direito não tem apenas normas legais, mas contratuais (contrato de trabalho), convencionais, usos e costumes etc.

Não se pode dizer que o pluralismo jurídico do Direito do Trabalho é sinônimo de desregulamentação, pois a regulamentação pode ser feita pelas próprias partes, por meio das convenções ou acordos coletivos de trabalho, do contrato de trabalho, de forma autônoma.

Não há pluralidade de sistemas jurídicos estatais, pois as convenções e os acordos coletivos não são provenientes do Estado.

Não pode continuar a persistir a primazia da lei. A rigidez legal, em certos casos, não protege, desprotege, discrimina, faz com que o trabalhador fique na informalidade. Há necessidade de observância de outras fontes que o Direito do Trabalho tem, daí o seu pluralismo, principalmente da contratação coletiva.

No verdadeiro Estado Democrático de Direito, as normas devem ser elaboradas com a mais ampla participação possível dos interessados, admitindo-se, portanto, a coexistência de várias normas ao mesmo tempo. No âmbito trabalhista, a norma não deve ser editada apenas pelo Estado, mas deve haver a interação dos vários grupos interessados na elaboração da regra trabalhista. O Estado só deve intervir na área trabalhista para assegurar normas de ordem pública, de garantias mínimas ao trabalhador, como, por exemplo, do trabalho do menor e da medicina e segurança do trabalho. É necessário buscar um novo papel para o Estado, que deve garantir os direitos democráticos, mas também adaptar-se ao pluralismo de normas trabalhistas. O Estado deve apenas sistematizar as normas que são oriundas dos grupos. São os micropoderes, mencionados por Michel Foucault. Os grupos são as artérias que dão vida à sociedade.

Não pode haver a total desregulamentação do Direito do Trabalho, deixando para a autonomia da vontade das partes regular as condições de trabalho. O empregado não é igual ao empregador, por esse motivo deve ser tratado de forma diferenciada. O empregador pode impor condições ao trabalhador, que é a parte mais fraca da relação e acaba aceitando imposições, com medo de perder o emprego. Certos sindicatos não conseguem negociar, por serem fracos, desorganizados, ficando, nesses casos, o obreiro desprotegido, caso não haja um mínimo legal a ser cumprido pelo empregador.

A norma coletiva coexiste, complementa e harmoniza a regra estatal, dando efetividade à proteção do trabalho. Há uma conciliação entre a norma heterônoma, proveniente do Estado, e a norma autônoma, oriunda das próprias partes.

É preciso editar novas normas trabalhistas, principalmente as oriundas das próprias partes, pois a CLT, em certos casos, está desatualizada em relação à realidade. O panorama histórico no qual foi idealizada não é o mesmo de hoje, principalmente o aspecto corporativista que ainda tem. O Direito nasce do fato (*ex facto oritur ius*), e não o contrário. Existe o Direito para servir à vida e não a vida ao Direito. Assevera Jean Cruet que "vemos diariamente a sociedade refazer a lei; jamais se viu a lei refazer a sociedade"[1]. A lei, por ser estática, não acompanha a dinâmica do cotidiano. Não pode o Direito ser um fenômeno estático, de forma que os fatos acabem prevalecendo sobre a norma. O Direito que não observa a realidade dos fatos é direito que não tem eficácia. Afirma Georges Ripert que "quando o Direito ignora a realidade, esta se vinga, ignorando o Direito". É a revolta dos fatos contra os códigos[2]. Se faz mister, por conseguinte, flexibilizar a norma trabalhista, de forma a adequar a realidade de fato à norma.

As reformas devem aprimorar e harmonizar a relação entre o capital e o trabalho, o que pode ser feito por meio da diminuição da interferência estatal nas relações trabalhistas e a prevalência das normas oriundas das próprias partes, principalmente as normas coletivas.

O pluralismo no Direito do Trabalho deve ser de fins e de meios, sem concepções preconcebidas, fechadas, mas de diálogo entre os interlocutores sociais.

---
1. CRUET, Jean. Epígrafe do livro *La vie du droit et l'impuissance des lois*. Paris: Ernest Flammarion, 1914.
2. Expressão encontrada no livro de Gaston Morin, *La révolte des faits contre le Code Civil*, 1930.

Deve ser modificado o inciso II do art. 8º da Constituição para ser admitida a plena liberdade sindical, descrita na Convenção n. 87 da OIT, como uma das formas da observância do pluralismo.

Tomando o passado como experiência e o futuro como meta que se pretende buscar, há necessidade de se observar efetivamente o verdadeiro pluralismo do Direito do Trabalho, flexibilizando as normas trabalhistas para as diversas situações da realidade de fato que possam ocorrer. Não se pode pretender retornar ao passado para estabelecer a regulamentação do Direito do Trabalho, por meio de normas estatais, mas, ao contrário, deve existir a combinação de normas estatais mínimas com a negociação coletiva, de forma a regular as distorções na relação entre empregado e empregador. O negociado deve prevalecer sobre o legislado, salvo quando a norma for de ordem pública e não puder ser modificada pela vontade das partes, pois as próprias partes envolvidas conhecem melhor seus problemas. Afirma o STF que "São constitucionais os acordos e as convenções coletivos que, ao considerarem a adequação setorial negociada, pactuam limitações ou afastamentos de direitos trabalhistas, independentemente da explicitação especificada de vantagens compensatórias, desde que respeitados os direitos absolutamente indisponíveis" (Tema 1.046).

Georges Scelle afirmava que primeiro foi a lei do patrão, depois a lei do Estado. No futuro será a lei das partes. Espera-se que isso realmente aconteça no Brasil, principalmente pela negociação coletiva. A regulamentação das condições de trabalho pela lei deve garantir um mínimo inderrogável, ficando a cargo da negociação coletiva o restante, de forma que o mais forte não possa impor uma condição ao mais fraco, como ocorre na relação entre empregado e empregador. O mínimo contido na lei serviria para garantir a dignidade e a segurança do trabalhador.

Não se pode chegar ao ponto de se utilizar da ironia de Lampedusa, em *O leopardo*[3], de que certas coisas devem sempre mudar para que permaneçam as mesmas. Ao contrário, as modificações no Direito do Trabalho devem ocorrer para melhorar as relações entre o capital e o trabalho, havendo evolução. É mudar para melhor. A maneira de implementar essas modificações é efetivamente observar a negociação coletiva. É inovar para aperfeiçoar, mediante os processos de adaptação da norma legal às modificações da realidade dos fatos, o que pode ser feito pela negociação coletiva.

---

3. O nome correto de Lampedusa era Giuseppe Tomasi, príncipe de Lampedusa. Em sua obra *O leopardo* (*Il gattopardo*, em italiano), São Paulo: Abril Cultural, 1974, a frase é mencionada nas p. 42 e 47.

Por fim, é de se lembrar das afirmações de Goethe, de que "nada de vivo se constitui em unidade, constitui-se em pluralidade". No Direito do Trabalho não há unidade de normas oriundas apenas do Estado, mas pluralidade de fontes, coexistindo as regras estatais e as negociais, em que as segundas complementam as primeiras.

REFERÊNCIAS

ACCIOLY, Hildebrando. *Tratado de direito internacional público*. 2. ed. Rio de Janeiro: Ministério das Relações Exteriores, 1956. v. 1.

ACQUAVIVA, Marcus Cláudio. *Teoria geral do estado*. 2. ed. São Paulo: Saraiva, 2000.

ALONSO GARCÍA, Manoel. *Curso de derecho del trabajo*. 5. ed. Barcelona: Ariel, 1975.

ALONSO OLEA, Manuel; CASAS BAAMONDE, Maria Emilia. *Derecho del trabajo*. 10. ed. Madrid: Facultad de Derecho, 1988.

ANDRADE, José Carlos Vieira de. *Os direitos fundamentais na Constituição portuguesa de 1976*. Coimbra: Almedina, 1987.

ANGULO, Jorge. *Manual de legislación del trabajo y de la seguridad social*. Trujillo-Perú, 1980.

AQUINO, Santo Tomás de. *Suma teológica*. Araras: Odeon, 1936.

ARAGÃO, Luiz Fernando Basto. Autonomia privada coletiva é a solução para a crise? *Jornal do 9º Congresso de Direito Coletivo do Trabalho e 8º Seminário sobre Direito Constitucional do Trabalho*. São Paulo: LTr, p. 67, novembro de 1994.

ARRUDA, Roberto Thomas. *Introdução à ciência do direito*. São Paulo: Juriscrédi, 1972.

AUSTIN, John. *Lecture on jurisprudence*. 1870. v. II.

_____. *The province of jurisprudence determined and the uses of the study of jurisprudence*. London: Weidenfeld and Nicolson, 1954.

AZAMBUJA, Darcy. *Teoria geral do estado*. 5. ed. Porto Alegre: Globo, 1969.

BACHOF, Otto. *Normas constitucionais inconstitucionais?* Coimbra: Atlântida, 1977.

BALLETTI, Bruno. *Contributto alla teoria della autonomia sindical*. Milano: Giuffrè, 1963.

BARBAGELATA, Héctor-Hugo. *O particularismo do direito do trabalho*. São Paulo: LTr, 1996.

_____. *Derecho del trabajo*. 2. ed. Montevideo: 1995. t. I, v. I.

BARROS, Alice Monteiro de. Flexibilização e garantias mínimas. *Trabalho & Doutrina*, São Paulo: Saraiva, n. 20, p. 9, março de 1999.

BARROS JR., Cassio Mesquita. Flexibilização no direito do trabalho. *Trabalho & Processo*. São Paulo: Saraiva, n. 2, p. 42, setembro de 1994.

_____. Impacto das novas tecnologias no âmbito das relações individuais do Trabalho. *LTr*, 51-9/1.045.

_____. Flexibilização do direito do trabalho. *LTr*, 59-08/1.034.

_____. Modernidade da CLT à luz da realidade brasileira. *LTr*, 55-04/397.

_____. *Perspectivas do direito do trabalho no Mercosul*. São Paulo: edição do autor, 1993.

_____. Modernização e desemprego. *Revista da Faculdade de Direito da Universidade de São Paulo*, São Paulo: v. 92, p. 323, 1997.

_____. Novos marcos jurídicos para as relações trabalhistas. *Pesquisas*: O novo paradigma do emprego e o futuro das relações trabalhistas. São Paulo: Konrad Adenauer Stiftung, n. 10, 1998.

_____. Direito comunitário: aspectos trabalhistas. Fundamentos do direito do trabalho. *estudos em homenagem ao Ministro Milton de Moura França*. São Paulo: LTr, 2000.

_____. O direito internacional. A transição do direito do trabalho no Brasil. *Estudos em homenagem a Eduardo Gabriel Saad*. São Paulo: LTr, 1999.

BASTOS, Celso; MARTINS, Ives Gandra da Silva. *Comentários à Constituição do Brasil*. São Paulo: Saraiva, 1988. v. 1.

BATALHA, Wilson de Souza Campos. *Sindicatos*. Sindicalismo. São Paulo: LTr, 1992.

BERNARDES, Hugo Gueiros. *Direito do trabalho*. São Paulo: LTr, 1989.

BOBBIO, Norberto. *Teoria do ordenamento jurídico*. Brasília: UnB, 1982; 8. ed., 1996.

_____. *A teoria das formas de governo*. 8. ed. Brasília: UnB, 1995.

_____. *A era dos direitos*. 10. ed. Rio de Janeiro: Campus, 1992.

_____. *Liberalismo e democracia*. 6. ed. São Paulo: Brasiliense, 1994.

_____. *O futuro da democracia*: uma defesa das regras do jogo. 6. ed. São Paulo: Paz e Terra, 1997.

_____. *Direito e Estado no pensamento de Emanuel Kant*. 4. ed. Brasília: UnB, 1997.

_____. *Teoria della norma giuridica*. Torino: Giappichelli, 1958.

_____. Giusnaturalismo e positivismo giuridico. *Rivista di Diritto Civile*, Padova, Cedam, 1962, ano VIII, v. 1.

_____. *Teoria dell'ordinamento giuridico*. Torino: Giappichelli, 1960.

_____; MATTEUCCI, Nicola. *Diccionario de política*. Madrid: Siglo Veintiuno de España, 1983.

BOEX-BOREL, J. H. Rosny. *Essai sur la descontinuité et l'hétérogeneité des phenomènes*, 1900.

_____. *Les sciences et le pluralisme*, 1922.

_____. *Le pluralisme*, 1909.

BONAVIDES, Paulo. *Teoria do estado*. 3. ed. São Paulo: Malheiros, 1999.

_____. *Curso de direito constitucional*. 4. ed. São Paulo: Malheiros, 1993; 9. ed., 2000.

_____. *Do estado liberal ao estado social*. 4. ed. Rio de Janeiro: Forense, 1980.

BRANCATO, Ricardo Teixeira. *Instituições de direito público e de direito privado*. 11. ed., São Paulo: Saraiva, 1998.

BULGARELLI, Waldirio. *Normas jurídicas empresariais.* 2. ed. São Paulo: Atlas, 2000.

BURDEAU, Georges. *Traité de science politique.* 2. ed. Paris: LGDJ, 1977, t. VII.

_____. *Droit constitutionnel et institutions politiques.* Paris: Librairie Général de Droit et de Jurisprudence, 1972.

CAMERLYNCK, G. H.; LYON-CAEN, Gérard. *Derecho del trabajo.* Buenos Aires: Aguilar, 1972.

CANOTILHO, José Joaquim Gomes. *Direito constitucional.* Coimbra: Almedina, 1992, 5. ed. 1991.

_____; MOREIRA, Vital. *Constituição da República Portuguesa anotada.* Coimbra: Coimbra, 1980.

CARNELUTTI, Francesco. *Teoria geral do direito.* São Paulo: Lejus, 1999.

CATHREIN, Victor. *Filosofía del derecho.* Madrid: Reus, 1958.

CATTANEO, Mario A. *Positivismo giuridico.* Novissimo digesto italiano. Turim: UTET, 1966. XIII.

CESARINO JÚNIOR, Antonio Ferreira. *Direito social.* 6. ed. São Paulo: Saraiva, 1970, v. 1.

CESSARI, Aldo. Pluralismo, neocorporativismo, neocontratualismo. In: CESSARI; Aldo, TAMAJO, Raffaele de Luca. *Dal garantismo al controllo.* Milano: Giuffrè, 1987.

CHAHAD, José Paulo Zeetano. *Seguro-desemprego*: lições da história, aspectos teóricos e perspectivas para o Brasil. São Paulo: IPE-USP, 1987.

CHÂTELET, François. *A filosofia e a história.* Direção de François Châtelet. Rio de Janeiro: Zahar, 1974.

COKER, F. W. The technique of the pluralistical State. *The American Political Science Review*, v. 15, 1921.

CRETELLA JR., José. *Comentários à Constituição de 1988.* 3. ed. Rio de Janeiro: Forense Universitária, 1992.

_____; CRUZ, Cláudia Ferreira. A discussão da dimensão sociolaboral na atual etapa do Mercosul, *LTr*, 63-01/48.

CUEVA, Mario de la. *El nuevo derecho mexicano del trabajo.* México: Porrúa, 1977; 1980, t. I.

_____. *Derecho mexicano del trabajo.* México: Porrúa, 1960.

DABIN, Jean. *La philosophie de L'ordre juridique positif.* Paris: Sirey, 1929.

DALLARI, Dalmo de Abreu. *Elementos de teoria geral do estado.* São Paulo: Saraiva, 11. ed., 1985; 19. ed. 1995.

DE LUCA, Carlos Moreira. *Convenção coletiva de trabalho*: um estudo comparativo. São Paulo: LTr, 1991.

DEL VECCHIO, Giorgio. *Leçons de philosophie du droit.* Paris: Sirey, 1936.

_____. *Lições de filosofia do direito.* Coimbra: Armênio Amado, 1959.

_____. *Teoria do estado*. São Paulo: Saraiva, 1957.

DINIZ, Maria Helena. *Norma constitucional e seus efeitos*. São Paulo: Saraiva, 1989.

DREYFUS, Françoise. *L'intervencionisme économique*. Paris: PUF, 1971.

DUGUIT, Léon. *Manuel de droit constitutionnel*. 3. ed. Paris: Boccard, 1928. v. 1.

_____. *Traité de droit constitutionnel*. Paris: Boccard, 1927. v. 1.

_____. *Leçons de droit public genéral*. Paris: Boccard, 1926.

_____. *Le droit social, et le droit individuel et la transformation de l'état*. Paris: Boccard.

DURAND, Paul; JAUSSAUD, René. *Traité du droit du travail*. I. Paris: Dalloz, 1947.

EHRLICH, Eugen. *A lógica jurídica*, 1918.

_____. *Livre investigação do direito e ciência do direito livre*.

FARIA, José Eduardo Campos de Oliveira. *O direito na economia globalizada*. São Paulo: edição do autor, s.d.

FERRATER MORA, José. *Diccionario de filosofía*. 4. ed. Buenos Aires: Sudamericana, 1958.

FERRAZ JR., Tercio Sampaio. *A ciência do direito*. 2. ed. São Paulo: Atlas, 1980.

_____. *Introdução ao estudo do direito*. 2. ed. São Paulo: Atlas, 1994.

_____. *Antinomia. Enciclopédia Saraiva de Direito*. São Paulo: Saraiva, 1978. v. 7.

FERREIRA FILHO, Manoel Gonçalves. *A reconstrução da democracia*. São Paulo: Saraiva, 1979.

_____. *Comentários à Constituição brasileira de 1988*. São Paulo: Saraiva, 1990. v. 1.

_____. *Do processo legislativo*. São Paulo: Saraiva, 1968.

FERRI, Luigi. *L'autonomia privata*. Milano: Giuffrè, 1959.

_____. *La autonomía privada*. *Revista de Derecho Privado*, Madrid: 1969.

FIGUEIREDO, Marcelo. *Teoria geral do estado*. São Paulo: Atlas, 1993.

FOURNIER, Jacques; QUESTIAUX, Nicole. *Traité du social*: situations, luttes, politiques, institutions. Paris: 1976.

FREITAS JR., Antônio Rodrigues de. *Conteúdo dos pactos sociais*. São Paulo: LTr, 1993.

FRIEDMAN, Lawrence. *Verso una sociologia del Diritto transnacionale*. Sociologia del Diritto. Milano: Franco Angeli, 1993, n. 1.

GALLART FOLCH, Alejandro. *Derecho español del trabajo*. Barcelona: Labor, 1936.

GENRO, Tarso Fernando. *Introdução à crítica do direito do trabalho*. Porto Alegre: L&PM, 1979.

GIERKE, Otto von. *Natural law and the theory of society*. Cambridge: 1950.

_____. *Les theories politique du moyer âge*. Paris: 1914.

GIGLIO, Wagner Drdla. Convenções coletivas de trabalho. *LTr*, 46-3/273.

GIUGNI, Gino. *Direito sindical*. São Paulo: LTr, 1991.

_____. *Introduzione allo studio della autonomia collettiva*. Milano: Dott. A. Giuffrè, 1977.

_____. *Diritto sindacale*. 9. ed. Bari: Cacucci.

GOMES, Orlando. *Convenção coletiva do trabalho*. São Paulo: LTr, edição fac-similada, 1995.

_____. *Direito do trabalho*: estudos. 3. ed. São Paulo: LTr, 1979.

_____. *Escritos menores*. São Paulo: Saraiva, 1981.

_____. A autonomia coletiva na reforma da CLT. *Revista do Tribunal Superior do Trabalho*, São Paulo: LTr, 1984.

_____; GOTTSCHALK, Elson. *Curso de direito do trabalho*. 4. ed. Rio de Janeiro: Forense, 1995.

GOTTSCHALK, Egon Felix. *Norma pública e privada no direito do trabalho*. São Paulo: LTr, 1995.

GRAU, Eros. *O direito posto e o direito pressuposto*. São Paulo: Malheiros, 1996.

GUERRERO, Euquerio. *Manual de derecho del trabajo*. 9. ed. México: Porrúa, 1977.

GURVITCH, Georges. *L'idée du droit social*. Paris: Sirey, 1932.

_____. *La déclaration des droits sociaux*. Paris: J. Vrin, 1946.

_____. *Le temps présent et l'idée du droit social*. Paris: J. Vrin, 1931.

GUSMÃO, Paulo Dourado de. *Introdução ao estudo do direito*. 8. ed. Rio de Janeiro: Forense, 1978.

HART, H. L. A. *El concepto de derecho*. 2. ed. México: Nacional, 1980.

HAURIOU, Maurice. La théorie de l'institution el la fondation. *Cahiers de la Nouvelle Journée*, n. 4, 1925.

HEGEL, George Wilhelm Friedrich. *Lecciones sobre la filosofía de la historia universal*. Madrid: 1928. v. I.

HEINRICH, Walter. *Staat und Wirtschaft*. Berlim: 1931.

HELOANI, J. Roberto; SILVA, Walkure Lopes Ribeiro da. *Estado democrático, tecnologia e relações de trabalho*. Democracia e direito do trabalho. Coordenador Luiz Alberto de Vargas. São Paulo: LTr, 1995.

HOBBES, Thomas. *Leviatã*. São Paulo: Abril Cultural, 1974. v. XIV (Col. Os Pensadores).

HUSEK, Carlos Roberto. *Curso de direito internacional público*. São Paulo: LTr, 1998.

HUSSERL, Gerhard. *Validade e eficiência do direito*, 1925.

JAVILLIER, Jean Claude. *Derecho del trabajo*. 2. ed. Madrid: Instituto de Estudios Laborales y de la Seguridad Social, 1982.

JELLINEK, Georg. *L'état moderne et son droit*. Paris: 1913, II.

_____. *Dottrina generale dello stato*. Milano: 1921.

_____. *La revision et les transformations des Constitutions*. Paris: 1906.

JHERING, Rudolf von. *A evolução do direito*. Lisboa: José Bastos, s.d.

_____. *El fin en el derecho*. Madrid.

_____. *Der Zweck im Recht. Zweite Umgearbeitete Auflage ErsterBand*. Leipizg: Druck und Verlag von Brtkopp & Härtel, 1884.

_____. *A luta pelo direito*. Paris: 1890.

KELSEN, Hans. *Problemas fundamentais de direito público*, 1911.

_____. *Teoria pura do direito*. São Paulo: Martins Fontes, 1997.

_____. *Teoria geral do direito e do estado*. São Paulo: Martins Fontes, 1995.

_____. *Teoría general del estado*. México: Nacional, 1959.

KROTOSCHIN, Ernesto. *Tratado teórico-práctico de derecho del trabajo*. 3. ed. Buenos Aires: Depalma, 1977. t. I.

_____. Los usos y costumbres en el derecho del trabajo. *Revista Legislación del Trabajo*, ano XIX, n. 222, jun. 1977.

LACORDAIRE, Henri-Dominique. *Conférences de Notre-Dame da Paris*, II. Paris: Sagnier et Bray, 1848, t. III.

LARENZ, Karl. *Derecho civil*: Parte general. Madrid: Derecho Reunidas, 1978.

LASSALE, Ferdinand. *A essência da Constituição*. Rio de Janeiro: Liber Juris, 1985.

LEGAZ Y LACAMBRA, Luis. *Filosofía del derecho*. 3. ed. Barcelona: Bosch, 1972.

LIMA, Hermes. *Introdução à ciência do direito*. 20. ed. Rio de Janeiro: Freitas Bastos, 1970.

LOEWENSTEIN, Karl. *Political power and the governmental process*. Chicago: The University of Chicago Press, 1965.

_____. *Teoría de la Constitución*, Ariel Derecho, 4. reimpressão em 1986 da 2. ed.

LÓPEZ-MONIS, Carlos. Os pactos sociais na Espanha. Relações coletivas de trabalho. *Estudos em homenagem ao Ministro Arnaldo Sussekind*. São Paulo: LTr, 1989.

LYON-CAEN, Gérard. *Droit social européen*. Paris: Dalloz, 1969.

MAGANO, Octavio Bueno. Limitações à autonomia da vontade coletiva. *Trabalho & Doutrina*. São Paulo: Saraiva, n. 20, março de 1999.

_____. *Organização sindical brasileira*. São Paulo: Revista dos Tribunais, 1982.

_____. *Convenção coletiva do trabalho*. São Paulo: LTr, 1972.

_____. Relações entre Estado e sindicato. *LTr*, 55-02/142.

_____. Liberalismo, corporativismo, pluralismo e neocorporativismo. *Revista da Faculdade de Direito da USP*, LXXVIII, 1983.

_____. *Manual de direito do trabalho*. Direito individual do trabalho. 4. ed. São Paulo: LTr, 1991.

MANGARELLI, Cristina. Costume. In: PLÁ RODRÍGUEZ, Américo (Coord.). *Estudos sobre as fontes do direito do trabalho*. São Paulo: LTr, 1998.

MANNRICH, Nelson. Pluralismo jurídico e direito do trabalho. *Revista do Advogado*. São Paulo, n. 66, ano 22, p. 7-18, jun. 2002.

MANOÏLESCO, Mihail. *Le siècle du corporativismo*. Paris: Félix, Alcan, 1936.

_____. *O século do corporativismo*. Rio de Janeiro: José Olympio, 1938.

MARTINS, Sergio Pinto. *Direito do trabalho*. 40ª. ed. São Paulo: Atlas, 2024.

___. *Teoria Geral do Estado*. 3ª ed. São Paulo: Saraiva, 2024.

MAXIMILIANO, Carlos. *Comentários à Constituição brasileira*. Rio de Janeiro: Jacintho Ribeiro, 1918.

MAZZONI, Giuliano. *Relações coletivas de trabalho*. São Paulo: Revista dos Tribunais, 1972.

MENGONI, Luigi. La participazione del sindacato al potere politico dello Stato. *En hommage à Paul Horion*. Liège: Facultè de Droit de Liège, 1972.

MIRANDA, Jorge. *Manual de direito constitucional*. Coimbra: Coimbra, 1983. t. II.

MONTESQUIEU. *O espírito das leis*. São Paulo: Abril Cultural, 1973 (Col. Os Pensadores).

MONTORO, André Franco. *Introdução à ciência do direito*. 23. ed. São Paulo: Revista dos Tribunais, 1995.

MORAES, Bernardo Ribeiro de. *Compêndio de direito do trabalho*. Rio de Janeiro: Forense, 1984.

MORAES FILHO, Evaristo de. *Introdução ao direito do trabalho*. 5. ed. São Paulo: LTr, 1991.

_____. *Tratado elementar de direito do trabalho*. Rio-São Paulo: Freitas Bastos, s.d.

MORVILLE, Pierre. *Les nouvelles politiques sociales du patronat*. Paris: La Découverte, 1985.

NASCIMENTO, Amauri Mascaro. *Fundamentos do direito do trabalho*. São Paulo: LTr, 1970.

_____. *Teoria geral do direito do trabalho*. São Paulo: LTr, 1998.

_____. *Iniciação ao direito do trabalho*. 18. ed. São Paulo: LTr., 1992; 23. ed. 1997.

_____. *Teoria da norma jurídica trabalhista*. São Paulo: LTr, 1976.

_____. Um terceiro caminho para o direito do trabalho. A transição do Direito do Trabalho no Brasil. *Estudos em homenagem a Eduardo Gabriel Saad*. São Paulo: LTr, 1999.

_____. *Curso de direito do trabalho*. São Paulo: Saraiva, 10. ed. 1992; 13. ed., 1997.

OJEDA AVILÉS, Antonio. *Derecho sindical*. Madrid: Tecnos, 1980.

OLIVEIRA, Paulo Eduardo Vieira de. *Convenção coletiva de trabalho no direito brasileiro*. Setor privado. São Paulo: LTr, 1996.

OVÍDIO. *Metamorfoses*: as quatro idades. Rio de Janeiro: Francisco Alves, 1930.

PALERMO, Antonio. *Interessi collettivi e diritto sindacali*. Il diritto del lavoro. Roma: Diritto del Lavoro, 1964. v. XXXVIII.

PAMPLONA FILHO, Rodolfo. *Pluralidade sindical e democracia*. São Paulo: LTr, 1997.

PASTORE, José. Relações do trabalho numa economia que se abre. *LTr*, 59-01/20.

_____. A agonia dos empregos: investimentos de menos e regulamentos de mais. *LTr*, 60-01/18.

_____. O "custo Brasil" na área trabalhista (propostas de modernização das relações de trabalho). Direito e processo do trabalho. *Estudos em homenagem a Octavio Bueno Magano*. São Paulo: Ltr, 1996.

_____. Flexibilização dos mercados de trabalho: a resposta moderna para o aumento da competição. *LTr*, São Paulo: 58-4/402-3.

_____. *A agonia do emprego*. São Paulo: LTr, 1997.

_____. *Encargos sociais*: implicações para o salário, emprego e competitividade. São Paulo: LTr, 1997.

_____. *Relações do trabalho no Japão*. 2. ed. São Paulo: LTr, 1994.

_____. *Flexibilização dos mercados de trabalho e contratação coletiva*. São Paulo: LTr, 1994.

_____. *Tecnologia e emprego*. Brasília: Confederação Nacional do Transporte, 1997.

_____. *O desemprego tem cura?* São Paulo: Makron Books, 1998.

_____, MARTINS, Ives Gandra da Silva. A dimensão tributária dos encargos sociais. In: MARTINS, I. G. (Coord.). *Desafios do século XXI*. São Paulo: Pioneira, 1997.

_____, SILVA, Nelson do Valle. *Mobilidade social no Brasil*. São Paulo: Makron Books, 2000.

PAUPÉRIO, A. Machado. *Teoria geral do estado*. 5. ed. Rio de Janeiro: Forense, 1967.

PEDREIRA, Luiz de Pinho. A autonomia coletiva profissional. *Sindicalismo, obra dedicada a José Martins Catharino*. São Paulo: LTr, 1986.

_____. Os princípios do direito coletivo do trabalho. *LTr*, 63-02/154.

PEIXOTO, Aguimar Martins. Negociação coletiva. *Trabalho & Doutrina*. São Paulo: Saraiva, n. 20, p. 3, mar. 1999.

PÉREZ DEL CASTILLO, Santiago. *Hierarquia das fontes no direito do trabalho*. Estudos sobre as fontes do Direito do Trabalho. Coordenação de Américo Plá Rodríguez. São Paulo: LTr, 1998.

PINHEIRO, Claudia Maria César. Do corporativismo para a autonomia privada. *Jornal do 9º Congresso de Direito Coletivo do Trabalho e 8º Seminário sobre Direito Constitucional do Trabalho*. São Paulo: LTr, p. 70, nov. 1994.

PINHO, Ruy Rebello; NASCIMENTO, Amauri Mascaro. *Instituições de direito público e privado*. 21. ed. São Paulo: Atlas, 1999.

PLÁ RODRÍGUEZ, Américo. *Curso de derecho laboral*. 2. ed. Montevideo: Acali, 1979. t. I, v. I.

POUND, Roscoe. *Justiça conforme a lei*. 2. ed. São Paulo: IBRASA.

PRADO, Roberto Barretto. O Estado em face do sindicato e o problema da relação de poder entre ambos. *LTr*, 56-07/824.

PRUNES, José Luiz Ferreira. *Contrato de trabalho com cláusula de experiência*. São Paulo: LTr, 1981.

_____. *Justa causa e despedida indireta*. Curitiba: Juruá, 1995.

_____. *As gorjetas no direito brasileiro do trabalho*. São Paulo: LTr, 1982.

_____. *Terceirização do trabalho*. Curitiba: Juruá, 1995.

_____. *Princípios gerais de equiparação salarial*. São Paulo: LTr, 1997.

_____. *Salário sem trabalho*. São Paulo: LTr, 1976.

_____. *Contrato de trabalho doméstico e trabalho a domicílio*. Curitiba: Juruá, 1995.

_____. *Cargos de confiança no direito brasileiro do trabalho*. São Paulo: LTr, 1975.

_____. *Salário em utilidades*. São Paulo: Sugestões Literárias, 1973.

RADBRUCH, Gustav. *Introducción a la filosofía del derecho*. México: 1955.

REALE, Miguel. *Pluralismo e liberdade*. São Paulo: Saraiva, 1963.

_____. *Filosofia do direito*. 6. ed. São Paulo: Saraiva, 1972.

_____. *Lições preliminares de direito*. 23. ed. São Paulo: Saraiva, 1996.

_____. *Teoria do direito e do estado*. São Paulo: Saraiva, 1940; Martins, 2. ed., 1960; 3. ed., 1970; 4. ed., 1984.

_____. *Fundamentos do direito*. 3. ed. São Paulo: Revista dos Tribunais, 1998.

_____. *O direito como experiência*. 2. ed. São Paulo: Saraiva, 1999.

RENARD, Georges. *La philosophie de l'institution*. Paris: 1939.

REZEK, José Francisco. *Direito internacional público*. 2. ed. São Paulo: Saraiva, 1991.

RIBEIRO, Augusta Barbosa de Carvalho. *O contrato coletivo de trabalho e a lei brasileira*. São Paulo: LTr, 1967.

RIPERT, Georges. *O regime democrático e o direito civil moderno*. São Paulo: Saraiva, 1937.

ROMANO, Santi. *L'ordinamento giuridico, studi sul concetto, le fonti e i carterri del diritto*. Pisa: 1918; 1945.

_____. *L'ordinamento giuridico*. Firenze: Sansoni, 1951.

_____. *Principii di diritto costituzionale generale*. 2. ed. Milano: Giuffrè, 1947.

ROMITA, Arion Sayão. Direito do trabalho. *Temas em aberto*. São Paulo: LTr, 1998.

_____. *Globalização da economia e direito do trabalho*. São Paulo: LTr, 1997.

_____. *Contrato de trabalho*. Rio de Janeiro: Edições Trabalhistas, 1988.

_____. *Os direitos sociais na Constituição e outros estudos*. São Paulo: LTr, 1991.

_____. *Sindicalismo. Economia. Estado democrático. Estudos*. São Paulo: LTr, 1993.

_____. O direito coletivo antes e depois da Constituição de 1988. A transição do Direito do Trabalho no Brasil. *estudos em homenagem a Eduardo Gabriel Saad*. São Paulo: LTr, 1999.

ROUSSEAU, Jean-Jacques. *Du contrat social*. Paris: Egloff, 1946.

_____. *Du contrat social*. Paris: Deyfus-Brisac, 1891.

RUSSOMANO, Mozart Victor. *O empregado e o empregador no direito brasileiro*. 5. ed. São Paulo: LTr, 1976.

SALVETTI NETO, Pedro. *Curso de teoria do estado*. 4. ed. São Paulo: Saraiva, 1981.

SANSEVERINO, Luisa Riva. *Diritto sindacale*. 4. ed. Turim: UTET, 1982.

_____. Intervenção. *Atti de III Congresso Nazionale di Diritto del Lavoro*. Milano: Giuffrè, 1968.

SANTORO-PASSARELLI, Francesco. *Ordinamento e diritto civile. Ultimi saggi*. Napoli: Jovene, 1988.

_____. *Saggi di diritto civile*. Napoli: Eugenio Jovene, 1961.

_____. *Noções de direito do trabalho*. São Paulo: Revista dos Tribunais, 1973.

SCHAAK, Robert. *Réflexions sur de Droit Social*. Luxemburgo, 1969.

SILVA, Antônio Álvares da. *Pluralismo sindical na nova Constituição*: perspectivas atuais do sindicalismo brasileiro. Belo Horizonte: Del Rey, 1990.

_____. *Convenção coletiva do trabalho perante o direito alemão*. Rio de Janeiro: Forense, 1981.

_____. *Prescrição das contribuições do FGTS*. Rio de Janeiro: Aide, 1987.

SILVA, Carlos Alberto Barata. *Compêndio de direito do trabalho*. São Paulo: LTr, 1976.

SILVA, Eduardo Azevedo. Autonomia coletiva. *Trabalho & Doutrina*, n. 20, mar. 1999

SILVA, Floriano Corrêa Vaz da. *Direito constitucional do trabalho*. São Paulo: LTr, 1977.

SILVA, José Afonso da. *Curso de direito constitucional positivo*. 13. ed. São Paulo: Malheiros, 1997.

SILVA, Walkure Lopes Ribeiro da. Autonomia privada coletiva e modernização do direito do trabalho. *Jornal do 9º Congresso de Direito Coletivo do Trabalho e 8º Seminários sobre Direito Constitucional do Trabalho*. São Paulo: LTr, nov. 1994.

_____. *Autonomia privada, ordem pública e flexibilização do direito do trabalho*. O ensino jurídico no limiar do novo século. Porto Alegre: EDIPUCRS, 1997.

_____. Autonomia privada coletiva e o direito do trabalho. *Revista do Direito de Trabalho*, São Paulo: Revista dos Tribunais, n. 97, jan./mar. 2000.

SINZHEIMER, Hugo. La théorie des sources et le droit ouvrier. Le problème des sources du droit positif. *Annuaire de L'Institut Internacional de Philosophie du Droit et de Sociologie Juridique*. Paris: Sirey, 1934.

SOUSA, José Pedro Galvão de. *Iniciação à teoria do estado*. São Paulo: Revista dos Tribunais, 1976.

_____. *O estado tecnocrático*. São Paulo: Saraiva, 1973.

STRENGER, Irineu. *História da filosofia*. São Paulo: LTr, 1998.

TRINDADE, Washington Luiz da. Preleções sobre a aporia da vontade coletiva, *Trabalho & Doutrina*, n. 20, mar. 1999.

VANDERLINDEM, Jacques. *Le pluralisme juridique*. Bruxelles: Université de Bruxelles, 1972.

_____. Return to legal pluralism. *Journal of Legal Pluralism an Unofficial Law*, n. 28, 1989.

VIANA, Oliveira. *Instituições políticas brasileiras*. Rio de Janeiro: José Olympio, 1949.

_____. *Problemas de direito corporativo*. Rio de Janeiro: José Olympio, 1938.

VIDAL NETO, Pedro. Fontes de direito do trabalho. *Curso de direito do trabalho em homenagem a Mozart Victor Russomano*. São Paulo: Saraiva, 1985.

VILLANOVA, Lourival. *As estruturas lógicas e o sistema do direito positivo*. São Paulo: Max Limonad, 1997.

WILSON, Francis. A relativistic view of sovereignty. *Political Science Quartely*. v. 49, 1934.

WOLKMER, Antonio Carlos. *Pluralismo jurídico*. 3. ed. São Paulo: Alfa Ômega, 2001.

XAVIER, Carlos Alberto Moreira. Do corporativismo para autonomia privada coletiva. *LTr*, 59-03/361.

ZANOBINI, Guido. Autonomia pubblica e privata. *Scritti vari di diritto pubblico*, Milano: Giuffrè, 1955.

ZANZUCCHI, Marco Tullio. *Istituzioni di diritto publico*. Milano: Giuffrè, 1948.

Anotações